¡EL CIELO!
...¿ABURRIDO?

¡EL CIELO!
...¿ABURRIDO?

Greg Thomas

ARPress
45 Dan Road Suite 5
Canton, MA 02021

Centro de Llamadas: 1(888) 821-0229
Fax: 1(508) 545-7580

Información sobre pedidos:

Ventas por cantidad. Las empresas, asociaciones y otros pueden beneficiarse de descuentos especiales en la compra de cantidades. Para más detalles, póngase en contacto con el editor en la dirección arriba indicada.

Impreso en los Estados Unidos de América.

ISBN-13:   Tapa Blanda   979-8-89389-776-0
             eBook   979-8-89389-777-7

Número de control de la Biblioteca del Congreso: 2024902470

Tabla de Contenidos

PRÓLOGO

En aras de la plena divulgación, cabe señalar que, como hijo del autor, no soy un revisor imparcial de este libro. Además de estar emparentado con el autor, también fui reclutado como uno de los editores, críticos y cajas de resonancia del libro. Sin embargo, eso no significa que sea un sello de aprobación automático; en todo caso, creo que como hijo que ya conoce bien la tendencia de su padre a la autocrítica excesiva, los juegos de palabras cursis y las generalizaciones rimbombantes (todo lo cual, por desgracia, también me transmitió a mí), probablemente fui un crítico más duro que la mayoría.

Eso no cambia el hecho de que se trate de un libro notable. Apartándose de los caminos trillados de las exploraciones típicas del cielo, la eternidad y la vida después de la muerte, este libro explora la perspectiva de la eternidad desde muchas perspectivas diferentes, incorporando para ello la historia, la biología, la cosmología y la filosofía. Está dirigido al aficionado inquisitivo y ecléctico más que al erudito, y combina más de 180 notas finales, anotaciones y numerosas citas adicionales en el texto, junto con un tono caprichoso diseñado para entretener a la vez que informar e inspirar el pensamiento crítico.

El libro comienza con una explicación de la cuestión central y las razones para explorarla, antes de adentrarse en las vías de investigación más específicas que se siguen en los capítulos siguientes. El capítulo 2, Perspectivas históricas sobre el cielo, ofrece una visión de los puntos de vista de las distintas religiones y culturas sobre el cielo. Los dos capítulos siguientes, Tiempo y Cosmología, exploran en términos laicos varios descubrimientos del siglo pasado sobre la naturaleza fundamental del universo, examinando por qué hacen que muchas concepciones anteriores de la vida después de la muerte sean no sólo inverosímiles, sino también desagradables. Pasando de la cosmología al ámbito de la biología y de nuestra propia experiencia física, los dos capítulos siguientes, Sexy Habilidades especiales y sentidos sensacionales analizan cómo la eternidad podría cambiar nuestra perspectiva sobre nuestras experiencias presentes y cómo éstas ofrecen indicios de la eternidad. Los tres últimos capítulos se centran en las implicaciones teológicas de estas exploraciones científicas, históricas y filosóficas. Descubrir las verdades universales ofrece una perspectiva de las conclusiones teológicas generales desde un punto de vista que es a la vez desvergonzadamente cristiano y científico. Haciendo la luz de Dios ilustra más específicamente cómo el motivo bíblico de la luz para el carácter de Dios es de hecho incluso más útilalaluz de la comprensión científica contemporánea de lo que es la luz y cómo funciona. Por último, La relación y la búsqueda de significadolleva toda la obra a su conclusión y analiza lo que será necesario para que la idea del cielo sea siquiera soportable, y mucho menos deseable, en un marco temporal eterno. Las numerosas notas finales, un Epílogo y dos apéndices ofrecen reflexiones adicionales sobre temas planteados en el texto.

Aunque se trata de una obra destinada a informar, ¡Cielo! ... ¿Aburrido? es ante todo una labor de amor. Para componerlo, papá dedicó todo el tiempo libre que pudo encontrar en los últimos más de cuatro años a escribir, investigar, editar, mecanografiar, volver a mecanografiar, murmurar palabras airadas a los ordenadores y sangre, sudor y lágrimas. ¿Por qué? Se lo pregunté varias veces a lo largo de todo este proceso. Me contestó: Si una sola persona lee esto y lo encuentra útil, todo habrá merecido la pena. Puedo decir como testimonio personal que al menos una persona ha encontrado efectivamente útil este libro.

Espero que usted sea otra.

MICHAEL THOMAS, MA TEOLOGÍA APLICADA

PREFACIO

"Poned la mira en las cosas de arriba, no en las de la tierra."
COLOSENSES 3:2

En algún lugar sobre el arco iris, muy arriba,
Hay una tierra de la que oí hablar, una vez en una
canción de cuna.[1]

He estado pensando en el cielo, al menos de forma intermitente, durante mucho tiempo. Recuerdo una vez que estaba sentado con mi hermano mayor y uno de sus amigos cuando yo tenía unos ocho años. Uno de nosotros dijo: ¿Cómo creen que será el cielo?. Siguió una discusión sobre nubes, ángeles, arpas y otros temas relacionados. Al poco tiempo, llegamos a la conclusión de que debía de ser un lugar bastante aburrido.

En los últimos años, quizá secundario a algunas circunstancias que me han llevado a enfrentarme a mi propia mortalidad, me he encontrado a mí mismo dándole una mayor contemplación al tema - en particular, al concepto de eternidad en lo que se refiere a un eventual aburrimiento. Aborrezco el aburrimiento y he sido bendecido con una ocupación, una esposa y suficientes hijos como para rara vez enfrentarme a ese espectro. Pero la otra vida, eso es harina de otro costal. La mayoría de nosotros hemos oído que en el cielo no hay abogados. No es ninguna sorpresa.

Tampoco sorprende que no haya médicos, ni policías, ni enterradores. Esas ocupaciones quedarán obsoletas para siempre. Entonces, ¿cómo voy a evitar el tedio eterno?

¿Por qué incluyo temas sobre astronomía/astrofísica,

referencias a las matemáticas, la biología y la historia junto con las consideraciones teológicas? No soy teólogo de formación. Tampoco soy astrofísico ni escritor profesional. Una de las nociones clave, si no el concepto central del cielo, es Dios. Aunque no podemos observarle directamente desde nuestra posición ventajosa actual, creo que estudiar la naturaleza del universo y su funcionamiento puede darnos una idea de algunos de los atributos de su Creador. Al hacerlo, me asombra la complejidad y la pompa de este escenario en el que representamos nuestra existencia.

En consecuencia, estoy aún más asombrado por su Creador. Estoy seguro de que varias personas le dirán que soy simplemente extraño. Más allá de eso, no soy más que un médico familiar. O como a menudo me refiero a mí mismo, un Mecánico del Cuerpo. Supongo que eso me convierte en el Dr. Gregory M. Thomas y en BM. Soy consciente de mi falta de cualificación oficial para escribir un tratado sobre el cielo. Mientras contemplaba ese hecho, me vino a la mente una historia de las Escrituras sobre cómo Dios puede utilizar al más pequeño de nosotros para cumplir su voluntad. Así que originalmente le puse a mi libro el subtítulo El asno de Balaam vuelve a hacer de las suyas (véase Números 22:28). Si Dios pudo utilizar a un burro para impartir sabiduría una vez, pensé, quizá le complazca hacerlo de nuevo.

Mi esposa y su amiga llegaron a la conclusión de que el título era engañoso. Ella señaló que se suponía que el libro no trataba de mí (¡recibo muchos elogios positivos por aquí!), sino del cielo. Así pues, para el 99,5 por ciento de ustedes que no son astrofísicos, teólogos o escritores profesionales pero sienten curiosidad por la existencia de Dios, el cielo, y la eternidad, lo que sigue es mi más sincero esfuerzo por transmitir unas cuantas ideas que creo que Él me ha dado para que las considere, y para que las comparta con los demás. El asno de Balaam dijo una verdad sencilla; espero hacer lo mismo.

GREGORY M. THOMAS, MD, BM, Y
OJALÁ, BB (EL BURRO DE BALAAM)

Juan 17:3

CAPÍTULO 1

ETERNIDAD

"Hazme saber, Jehová, mi fin, Y
cuánta sea la medida de mis días;
Sepa yo cuán frágil soy. He aquí,
diste a mis días término corto, Y
mi edad es como nada delante de
ti; Ciertamente es completa
vanidad todo hombre que vive.
Selah" SALMO 39:4-5

*Porque de tal manera amó Dios al mundo, que ha dado
a su Hijo unigénito, para que todo aquel que en él cree, no se
pierda, mas tenga vida eterna.*

JUAN 3:16

La eternidad es muy larga, sobre todo hacia el final.

WOODY ALLEN
Como si se pudiera matar el tiempo sin herir la eternidad.

HENRY DAVID THOREAU

¿Ha dedicado alguna vez tiempo a considerar las implicaciones del término vida eterna? Suena muy bien de entrada, pero cuando se contempla, mantiene un escollo potencial importante: el aburrimiento. La eternidad es mucho, mucho tiempo.

En ocasiones he pasado lo que parecía una eternidad en diversas tareas. La experiencia más temprana que recuerdo es en primer curso. Recuerdo muy bien estar de pie junto al radiador de la habitación de la hermana Bernice Marie, mirando por la ventana el mundo que había más allá y pensando en estar en otro lugar, especialmente en casa.

El hogar tenía todo lo que deseaba, todo lo que necesitaba y todo lo que amaba. Pero el tiempo parecía haberse detenido y estaba segura de que no se reanudarían aquellos días de libertad, sol, galletas de mamá y simplemente estar en mi casa.

Mi primer año en la Universidad Estatal de Oregón y el primer año de la facultad de medicina fueron similares, aunque atemperados por el conocimiento de mi experiencia y una mente dotada de una comprensión más concreta del espacio-tiempo y la realidad en general.

Es interesante que mi hermano mayor más próximo transmitiera un sentimiento similar figurado de otra manera. Señaló que, a partir del primer domingo por la noche después de su primera semana en primer curso, se le formó un nudo en la boca del estómago. Siguió experimentando ese mismo nudo cada domingo por la noche, semana tras semana, mes tras mes, año tras año. Sentía que nunca acabaría. Sin embargo, finalmente encontró un lugar seguro. Ya sabes, dijo, "desde que me jubilé, ya no tengo ese nudo". Creo que éste es un tenue aroma de lo que experimentaremos al dejar esta vida y comenzar la siguiente.

Ha habido otras ocasiones en las que he deseado poder detener el tiempo, demorándome para siempre en la satisfacción en la que estaba embelesado. Mi recuerdo incipiente de haber tenido esta inclinación fue cuando tenía probablemente unos tres años, entrando en la cocina muy temprano una mañana de verano. Nadie más estaba levantado y el sol acababa de atravesar las persianas de bambú del lado este de la habitación. Todo estaba bañado en una luz dorada, había un silencio absoluto y me sentía totalmente en paz, sin contemplar siquiera el día que se avecinaba.

Otro caso fue cuando llevé a mi hijo mayor y a mi hija a un terreno a las afueras de la ciudad donde se estaba construyendo nuestra nueva casa. La estructura, en medio de una granja de árboles de Navidad, estaba siendo enmarcada. Era de noche y el cometa Hyakutake estaba en los cielos occidentales. Como estábamos fuera del pueblo, la luz de la ciudad se veía lejana y no había más sonido que el de la suave brisa. Me tumbé en un trozo de madera contrachapada de dos por dos metros que había colocado en el suelo y acurruqué a mi hijo de diez años bajo un brazo y a mi hija de ocho bajo el otro.

El cielo pronto se oscureció salvo por una miríada de estrellas y una hermosa cola de cometa que señalaba este espectáculo divino de Dios. Sabía que mis hijos compartían conmigo este ensueño.

Por último, recuerdo que, unos años más tarde, una noche, tumbada en la cama, acababa de apagar la luz. Los débiles pero relajantes sonidos de Luces fuera, una emisora de radio de Portland, Oregón, que ofrecía a altas horas de la noche obras de varios artistas, flotaban en la habitación. Me invadió una profunda sensación de paz al contemplar a mi esposa dormida en mi abrazo y a mis hijos acurrucados en sus camas sanos, felices y seguros. Si hubiera podido detener el tiempo en ese momento, ahora no estaría escribiendo esta frase.

Pero si hubiera podido llevar a cabo esta aberración de la naturaleza, no habría sido justo para mis seres queridos, a los que aún les quedaba mucha vida por conocer. No, habría sido totalmente egoísta. Incluso dejando a un lado ese aspecto, ¿lo habría encontrado verdaderamente gratificante o incluso tolerable? Como he señalado antes, la eternidad abarca un tiempo más allá de lo comprensible.

Tras haber experimentado durante setenta años las diversas diversiones que ofrece la vida, he aprendido que, aunque son excelentes en el momento, el tedio rara vez queda muy lejos. Recuerdo haber visto el océano por primera vez cuando tenía unos diez años. Era sobrecogedor. Mis ojos no podían asimilar, ni mi mente captar, la inmensidad de aquella masa de agua y el sonido de las olas, un sonido que puede haber sido continuo durante nada menos que los últimos cuatro mil millones de años. Sin embargo, confieso que muchas veces desde entonces he visitado el océano Pacífico y, aunque sigo sintiéndome muy a gusto allí y apreciando su belleza y majestuosidad, ya no siento esa misma sensación de asombro.

¿Qué posibles mecanismos podrían ayudar a rescatarnos de nuestra tendencia a acabar derivando la banalidad de lo extraordinario? Si Satanás estuviera al mando, podría disponer que todos padeciéramos la enfermedad de Alzheimer y simplemente no recordáramos de un momento a otro, sólo fuéramos conscientes de la miseria presente. Afortunadamente, no tendrá absolutamente nada que decir sobre lo que sucederá en el reino celestial de Dios.

Algunos podrían argumentar que el cielo es un tipo de existencia totalmente diferente, donde existimos fuera de un continuo espacio-tiempo. Uno podría ser capaz de hacer un argumento convincente para este escenario citando 2 Pedro 3:8: Mas, oh amados, no ignoréis esto: que para con el Señor un día es como mil años, y mil años como un día.. Desarrollo esta línea de pensamiento en el capítulo 3, El tiempo. En pocas palabras, en el cielo no hay un antes o un después, un pasado o un futuro, sino simplemente existencia.

El autor Kurt Vonnegut[1] utilizó este recurso en la que probablemente sea su obra más conocida, Matadero-Cinco.[2] En su novela, que recoge algunas de sus experiencias reales como prisionero de guerra en la Segunda Guerra Mundial, el protagonista, Billy Pilgrim, es una persona que se despega del tiempo. Aunque él mismo no es omnipresente en el tiempo, su conciencia viaja aleatoriamente tanto hacia delante como hacia atrás, y se encuentra con unos seres alienígenas llamados Tralflamadorianos, que existen en este estado perpetuo. Su experiencia es que lo que siempre fue y siempre será, siempre es, y es inmutable. Su mantra es así es.

Como soy humano y no tralflamadoriano, encuentro que esto está más allá de mi habilidad para comprenderlo plenamente de forma experiencial. Sabiendo que en el estado cronológico y espacial omnipresente Dios sigue gobernando e interactuando con nuestro universo de una forma muy personal, adopto la postura de que el cielo no consistirá en esta condición estática sino en un proceso continuo, un tiempo sin fin.

¿Dónde está el cielo? Actualmente podemos observar a distancias de más de trece mil millones de años luz. Pero miremos en la dirección que miremos, no hay señales del cielo. Sin embargo, como se deduce de Filipenses 1:23 (teniendo deseo de partir y estar con Cristo) y Efesios 1:20 (la cual operó en Cristo, resucitándole de los muertos y sentándole a su diestra en los lugares celestiales), el cielo está tan cerca como nuestro último aliento terrenal.

2 Corintios 5:2-4 dice: Y por esto también gemimos, deseando ser revestidos de aquella nuestra habitación celestial; pues así seremos hallados vestidos, y no desnudos. Porque asimismo los que estamos en este tabernáculo gemimos con angustia; porque no quisiéramos ser desnudados, sino revestidos, para que lo mortal sea absorbido por la vida. Aunque no tengo la esperanza de desvelar realmente las implicaciones de esta profunda afirmación, creo que es divertido considerar algunos de los factores que podrían entrar en juego. En las páginas siguientes, espero estimular su pensamiento, edificar su esperanza, edificar su fe y aumentar su expectación ante el maravilloso futuro que Dios quiere regalarle. Si todo funciona de forma óptima, llegaremos a una forma más intuitiva y experiencial de conocer a Dios, una forma mucho más profunda que el simple asentimiento intelectual.

CAPÍTULO 2

PERSPECTIVAS HISTÓRICAS SOBRE EL CIELO

"Antes bien, como está escrito: Cosas que ojo no
vio, ni oído oyó, Ni han subido en corazón de
hombre, Son las que Dios ha preparado para los
que le aman

1 CORINTIOS 2:9

*Cuando muera, espero ir al Cielo,
sea cual fuere el Infierno que sea.*
AYN RAND

*Si no se me permite reír en el cielo, no
quiero ir allí.*
MARTIN LUTHER

Como a mucha gente de mi ciudad, me gusta ir al tour local de casas, donde esencialmente tengo la oportunidad de recorrer y examinar casas nuevas construidas por diferentes arquitectos y constructores. Me gusta fijarme en la distribución general y el flujo de la casa. Examino la funcionalidad y la decoración, los techos abovedados, la iluminación de bandeja, el sistema estéreo incorporado y las características del patio.

Sin embargo, si encuentro un constructor cuyo producto me

gusta mucho, a veces le pregunto si tiene otra casa en construcción en la zona. Si la tiene, indago sobre su ubicación y le pido permiso para hacer allí una visita sin guía.

¿Por qué haría algo así? Quizá venga de ver a mi padre construir la casa en la que principalmente crecí. La hizo prácticamente toda él mismo y, al igual que hizo en todo lo demás, se esforzó al máximo para lograr un producto excepcional. Y lo consiguió.

No era constructor de formación; era silvicultor profesional. Pero también era un hombre del renacimiento que podía lograr casi cualquier cosa que se propusiera y hacerlo bien, ¡aunque tardara unos quince años en terminarla!

Durante el tiempo que pasé en esa casa, fui testigo de la importancia de empezar con unos cimientos firmes y de construir como mínimo según las normas o mejor siempre que sea posible. Aunque a la mayoría de la gente le guste el aspecto de un cuadro colgado en la pared, yo quiero saber qué hay debajo del cartón yeso. En consecuencia, quiero ver cómo se vierte el hormigón, qué materiales utilizan para los montantes, qué tipo de aislamiento incorporan y cómo se configura el drenaje.

Imagino que a la mayoría de la gente esto le parecerá aburrido, y eso me lleva a este capítulo, en el que me planteo esta pregunta: ¿Hay algo en las visiones tradicionales del cielo que me haga pensar que podré evitar el aburrimiento cuando llegue allí? Aunque es probable que el capítulo carezca de parte de la diversión que espero incorporar en secciones posteriores, creo que lo mejor es examinar los cimientos que se han establecido y ver dónde son sólidos, dónde tienen fallos potenciales con los que contar y cuál es la mejor manera de construir conceptos sobre ellos con los que anclar nuestro pensamiento.

Para aquellos de nosotros que nos hemos criado en la cultura occidental, puede resultar sorprendente que no todo el mundo tenga el mismo concepto del cielo -o cualquier concepto del cielo, para el caso-. Por supuesto, el factor más revelador a la hora de conformar nuestras ideas sobre una vida después de la muerte es nuestro concepto de quién o qué es Dios.

El espectro de creencias abarca desde la creencia en un Dios muy personal que se preocupa por nosotros lo suficiente como para contar hasta los pelos de nuestra cabeza, hasta ninguna forma de Dios en absoluto. Pero al intentar clasificar las creencias, es importante darse cuenta de que dentro de cualquier sistema religioso existe cierta disparidad en cuanto a lo que podría constituir una vida después de la muerte. Por ello, las próximas afirmaciones deben tomarse en general y no siempre de forma específica.

Comencemos en un extremo del espectro con el ateísmo. Como cualquiera con algún concepto de los orígenes de las palabras observaría, theos en griego se refiere a Dios, y a significa sin. La dificultad a la hora de definir quién pertenecería a este grupo sería intentar dilucidar quién es verdaderamente ateo frente a quién se clasificaría a sí mismo como agnóstico, secular o no religioso.

Dependiendo de lo estricto que se sea con las definiciones, se calcula que hay entre 750 millones y 1.100 millones de personas en el mundo que se clasificarían dentro de este marco. 2 Sospecho que, si la humanidad se enfrentara a un posible acontecimiento de extinción y se construyera una trinchera gigante lo suficientemente grande como para contener a este sector ateo, se esperaría que las cifras descendieran drásticamente. Algunos pueden pensar que descartar la posibilidad de Dios es una tendencia reciente en el pensamiento humano, pero ha existido al menos durante los últimos 2.500 años. El pensamiento filosófico ateo aparece en Europa y Asia a partir del siglo VI o V a.C..[3]

Hoy tenemos lo que se denomina humanismo secular y comunismo para llevar adelante la bandera de la no esperanza. Me parece que las Compañías de bebidas para adultos dirigen su publicidad a mucha gente de este bando. Estos anunciantes parecen empeñados en recordar a los consumidores su mortalidad y que sólo tienen una vida en la que consumir tanta cerveza como sea posible.

Como dijo Pablo en 1 Corintios 15:29-32: Ahora bien, si no hay resurrección... "comamos y bebamos, porque mañana moriremos". Esto puede parecer sombrío, pero en mi contemplación de lo que constituye una vida después de la muerte, especialmente una eterna, si el cielo no es al menos lo que yo concluyo que es, entonces la existencia eterna resultará en última instancia intolerable. La inexistencia podría ser mi segunda opción.

Veamos a continuación a quienes tienen un sistema de creencias que entra en la categoría del monismo, del que hay unos 1.760 millones de adeptos en la Tierra.

[4] La primera definición de Merriam-Webster para esto es una opinión de que sólo hay un tipo de sustancia última. Esto suena similar, pero no idéntico a algo que los físicos llaman la Teoría del Todo, [5] de la que hablaré en el capítulo 7, Descubrir las verdades universales.

Mientras que la Teoría del Todo es un esfuerzo por descubrir cómo el universo entero podría haber derivado de una forma de energía y cómo funciona, y no tiene ninguna construcción teológica implícita, el monismo mantiene que no existe un dios supremo separado en el sentido en que lo haría un monoteísta. En su lugar -y quizá esto sea simplificar demasiado- todos somos uno con el universo. Al igual que con el ateísmo, éste no es un concepto estrictamente reciente del movimiento de la Nueva Era. Tanto el budismo, que data de Buda (563-483 a.C.), como el hinduismo, que puede remontarse a 1500 a.C., podrían entrar en esta categoría.[6,7,8]

El hinduismo era originalmente de naturaleza politeísta.[9] Era en gran medida una religión ritualista. A medida que estos rituales se hicieron más complejos con el tiempo, acabaron codificándose en lo que se conoce como los Vedas.[10] Además, la complejidad dio lugar a una clase de sacerdotes. Siendo la gente como es, la clase sacerdotal acabó convirtiéndose en la única mediadora de cómo la población en general podía acercarse a los dioses. Esto dio lugar a una revuelta, y la forma de hinduismo que surgió tras la revuelta enfatizaba la importancia de la meditación interna frente a los rituales externos. Entre el 800 y el 300 a.C. se escribieron los Upanishads ...Los Upanishads exponen la idea de que detrás de muchos dioses se encuentra una Realidad, que se llama Brahman. Brahman es una fuerza impersonal y monista (todo es uno). La forma más elevada... se denomina nirguna, que significa "sin atributos ni cualidades".[11] Esto se modificó posteriormente a saguna Brahman, que significa Brahman "con atributos".[12]

A diferencia de la versión hindú de Dios, la versión budista me resulta un poco difícil de comprender. Me parece que se describe en negativo.

Hay una esfera que no es ni tierra, ni agua, ni fuego, ni aire, que no es la esfera de la infinitud o del espacio, ni la esfera de la infinitud de la conciencia, la esfera de la nada, la esfera de la percepción o de la no percepción.[13]

El hecho de que Siddhartha Gautama (563-483 a.C.), el primer Buda,[14] fundara esta religión como medio para escapar de todo sufrimiento humano[15] puede explicar este plano de referencia negativo. Actualmente llamamos analgesia a la eliminación del dolor físico . Recuerde dar gracias por ello la próxima vez que visite a su dentista. En el caso del budismo, el sufrimiento al que se hace referencia no es únicamente físico, sino también emocional y espiritual.

Ambos parecen implicar el nacimiento, la muerte y la reencarnación en un ciclo de duración indeterminada. En el caso del budismo, es hasta que se obtiene la iluminación. En ese estado mental, la persona se da cuenta del fin de su deseo de existir como individuo y se libera así de todos los deseos, de todo sufrimiento y del ciclo de nacimiento y muerte.[16]

En el hinduismo, el estado inmediato de uno depende del karma que se haya acumulado. El karma de uno repercute directamente no sólo en su vida actual, sino también en su estado de reencarnación. Si uno tiene mucho buen karma, quizá en la próxima vida nazca en una casta mejor. Si tiene suficiente karma malo, entonces puede que vuelva como algo menos que humano.[17] En última instancia, si uno puede escapar de la idea de que es un individuo y en su lugar una parte de Brahman, entonces está libre de seguir encarnándose.[18]

He creado una analogía que espero sea correcta para ayudar a comprender mejor las similitudes y diferencias entre los conceptos hindú y budista del cielo. Imaginemos que cada uno de nosotros existe como una roca individual en una llanura de arena infinita. Si observa las imágenes del Mars Rover, puede que le facilite la imagen.

Pienso en el Brahman y el Nirvana como análogos al compuesto de arena. Para formar parte de cualquiera de ellos, la roca debe perder su identidad como piedra individual y reducirse a sus partes integrantes, que son, efectivamente, arena. Así, al alcanzar este estado, se pierde el sentido de lo individual y se entremezcla con el cuerpo congregado. Uno se convierte en parte del todo e indistinguible de él.

En cualquiera de los dos sistemas de creencias, ese breve tiempo que pasamos como roca sólida no era más que la ilusión de que estábamos separados. En el caso del hinduismo, esta pérdida de uno mismo tiene como resultado la unión con una conciencia universal de la que siempre hemos sido parte. Por lo general, esto se figura como un estado de satisfacción.[19]

Si uno se adhiere al budismo, entonces el estado resultante es el de unirse a una existencia universal que está en todos los aspectos insensibilizada a ser existente. En cualquiera de los dos casos, como el individuo ya no existe, no hay nadie a quien aplicar el karma y, por tanto, no hay responsabilidad individual. Ya está, espero haber logrado confundir a unos cuantos.

El politeísmo puede remontarse hasta 4200 años a.C.[20] Lo practicaban los griegos (véase Hechos 17:16), los romanos,[21] los asirios y los babilonios,[22] y los pueblos indígenas de Oriente Próximo (véase Éxodo 34:15-16). Los pueblos prehistóricos comunes a las Américas, el África subsahariana y otros reinos eran en gran medida politeístas. Las religiones tribales de todo el mundo siguen siendo un baluarte de este sistema de creencias.[23] En la actualidad, se cree que hay algo más de 400 millones de politeístas habitando la tierra.[24]

En términos generales, la multitud de dioses tiene que ver con diversos aspectos que eran importantes para la continuación de la vida. Hay dioses de la lluvia, de la fertilidad reproductiva, de la cosecha, de la juventud, de los animales, de las plantas, de las rocas, del vino, de la belleza, del sol y de la mayoría de las cosas que se le puedan ocurrir. En general, la idea es intentar apaciguar a los dioses y evitar a toda costa hacerles enfadar.

Dado que no existe un único politeísmo al que la gente se adhiera, no es sorprendente que no exista una imagen constante del cielo a la que los politeístas se adscriban. Los egipcios creían que sería necesario tener un cuerpo en el que estar plenamente activo en la otra vida y por ello trataban de ayudar a ese proceso mediante la momificación. Como se pensaba que la comida y el dinero y, en algunos casos, los esclavos eran necesarios para su uso en la otra vida, a menudo se incluían con el corpus delicti en el entierro.

Estoy seguro de que más de un esclavo habría estado dispuesto a considerar un sistema de creencias alternativo antes de ser enterrado con su difunto amo. En general, se consideraba que la vida era una continuación de la terrenal, pero mejor.

Los griegos, tras pagar al barquero para cruzar el río Estigia, eran juzgados en última instancia como buenos o malos. Los malos estaban destinados a la tortura y la frustración. Los buenos estaban destinados a un paraíso exuberante y lleno de sol llamado los Campos Elíseos.[25]

Los romanos creían que, al menos para los individuos buenos, su futuro final era convertirse en una de las estrellas de la Vía Láctea.[26] Si uno tenía suficiente riqueza e influencia política, podía arreglárselas para ser declarado dios, incluso antes de morir.[27] Presumiblemente, ésta era una tarjeta de salir libre de la cárcel para aquellos que por el bien mayor de Roma perpetraban algunas cosas muy desagradables contra sus congéneres. Aunque la mayoría de las visiones politeístas del cielo son visiones idealizadas de la tierra, algunos pueblos también creen en la reencarnación.

Parece existir principalmente un ejemplo de dualismo opuesto y se denomina zoroastrismo.[28, 29] Las cifras sobre la cantidad de seguidores varían entre 200.000 y 2,6 millones de creyentes.[30, 31]

Este sistema de creencias surgió unos seis siglos antes del nacimiento de Cristo. Se centra en los escritos de un persa llamado Zaratustra, de quien se dice que de joven recibió una revelación del creador de todo lo bueno. El nombre de esta deidad es Ahura Mazda.

Puede que a algunos de ustedes les suene de pasada el nombre de Zaratustra, sobre todo si nacieron a principios de la década de 1950 y por casualidad tocaron en la banda del instituto. En 1896, Richard Strauss, inspirado por el libro de Nietzsche[32] Also Sprach Zarathustra, compuso un poema sinfónico del mismo nombre. Esta composición se utilizó como tema musical en la película de 1968 2001: Una odisea del espacio.

Ahura Mazda tiene un archienemigo que también es muy poderoso, aunque en última instancia no tanto. El nombre de esa entidad es Aura Mainyu, y es la fuente de todo lo maligno. Al igual que en el cristianismo, el hombre tiene libertad de elección y puede unirse a cualquiera de los dos bandos de la batalla.

Por supuesto, el ser al que promete lealtad decide en última instancia su destino eterno. Su elección dicta cuánto bien y cuánto mal acumula durante su vida. Tras la muerte, todos los actos se colocan en una balanza. Si la balanza se inclina hacia el bien, el cielo está asegurado. Si se inclina hacia el otro lado, entonces le espera el infierno. Hay formas de expurgar algunas de las malas obras realizando actos meritorios o al menos confesando las fechorías. El cielo se describe como un lugar de luz, pureza, exultación, fragancia, comodidad, placer y libre de dolor, necesidad o angustia.[33, 34, 35]

En oposición al dualismo competidor, el dualismo equilibrador tiene dos fuerzas de la creación iguales pero opuestas que se oponen entre sí, dando lugar a un equilibrio del bien y el mal, la luz y la oscuridad, que se reúnen más generalmente bajo los términos de yin y yang. Este equilibrio, si no se altera, se considera la perfección. De ahí que sus defensores tengan una visión en la que el objetivo de la vida es intentar vivir en armonía con ambos aspectos dejando que el Tao (una fuerza impersonal de la naturaleza) fluya a través de ellos.

Una vez más, una breve analogía puede ayudar. Imagine el Tao (pronunciado dow como el agua que fluye por un arroyo. Usted podría ser una pequeña barca que intenta navegar por la corriente como mejor le parezca. Pero lo ideal sería que actuara como una pequeña hoja flotando en la superficie, dejándose llevar por la corriente. Un giro en el cauce del arroyo hacia la izquierda es el yin y un giro en el cauce del arroyo hacia la derecha es el yang.

El taoísmo (daoísmo) es el principal ejemplo de esta práctica y existen muchas escuelas diferentes bajo esta bandera general. Se cree que aproximadamente 394 millones de personas practican este sistema.[36] Data al menos del siglo IV a.C. en China[37] y puede haberse formado como reacción al confucianismo.[38]

Con el tiempo, se entremezcló con el budismo y el confucianismo y no parece tener un concepto uniforme y constante de la vida después de la muerte.[39, 40] Los conceptos actuales parecen haber sido más influenciados por el budismo.

En el sentido más puro, el taoísmo se centraba más en conseguir la perfección en esta vida que en alcanzarla en algún reino futuro postmortem. Se pensaba que podría ser posible escapar de la muerte y continuar la vida en una forma perfeccionada que también otorgaría poderes especiales. Si existía un aspecto celestial en cuanto a lugar físico, entonces se pensaba que existía en algún lugar de la tierra, en algún lugar inalcanzable y de hecho invisible para los imperfectos.[41] En este entorno enrarecido, las personas perfeccionadas serían libres de interactuar en una sociedad perfecta.

Si investigamos el último esquema general que trataré aquí, encontraremos tres ejemplos principales: El judaísmo (14 millones de personas), el islam (1.500 millones de personas) y el cristianismo (2.100 millones de personas).[42] Todos ellos pueden describirse con el término monoteísmo (un solo Dios).

Los monoteístas creen que sólo hay un Dios (con una gran D) que trasciende todo el universo y es la fuente de la creación. Y lo que es igual de importante, este Dios único, a diferencia del concepto monístico comentado anteriormente, tiene características que lo convierten en un ser distinto: extrínseco a su creación en contraposición al sujeto o parte de ella, autodotado de conciencia de sí mismo, poseedor de una voz, con capacidad para juzgar lo que es bueno y lo que no lo es, habilitado con una voluntad, dotado de un discernimiento sobre lo que es sagrado, capacitado con la habilidad de decidir la autoridad, dueño de los derechos de autor sobre la estructura y la función del código genético y manifestando el poder de que todo lo que decrete se hará realidad.

Todo eso y más, y eso sólo en los ocho primeros versículos del Génesis, que las tres religiones monoteístas sostienen como sagrados e inspirados. Aunque los tres grupos creen en los conceptos de cielo e infierno y en que la muerte física no es el fin de la existencia humana, existe una gran diversidad en cuanto a lo que esas construcciones podrían implicar.

De las tres, la religión con el dogma menos desarrollado sobre el cielo es el judaísmo. Las opiniones judías sobre la vida después de la muerte se han diversificado durante varios milenios, y existen opiniones basadas en interpretaciones tanto de la Torá (los cinco libros de Moisés, que constituyen el Pentateuco) como del Talmud (un corpus de escritos de la tradición judía que comprende la Mishná y la Guemará).

En tiempos de Jesús, uno de los principales cismas en cuanto a la naturaleza de la vida después de la muerte se producía entre los saduceos, que no creían en la resurrección física de los muertos (por eso están tristes, ya ven), y los fariseos, que sí mantenían tal creencia. Pablo utilizó esta dicotomía de creencias para librarse de una situación delicada cuando compareció ante el Sanedrín y declaró: Entonces Pablo, notando que una parte era de saduceos y otra de fariseos, alzó la voz en el concilio: Varones hermanos, yo soy fariseo, hijo de fariseo; acerca de la esperanza y de la resurrección de los muertos se me juzga. Cuando dijo esto, se produjo disensión entre los fariseos y los saduceos, y la asamblea se dividió (Hechos 23:6-7).

Al parecer, existe cierto debate sobre lo que los saduceos creían que ocurría con la muerte. Según la Biblioteca Virtual Judía, los saduceos rechazaban la idea de la Ley Oral e insistían en la interpretación literal de la Ley Escrita; en consecuencia, no creían en una vida después de la muerte, ya que no se menciona en la Torá.[43]

El cisma puede haber tenido que ver con lo que ocurre en la otra vida, ya que ambos grupos parecían estar de acuerdo en que cuando una persona moría, el alma iba al Seol, una residencia sombría y etérea para los espíritus difuntos.

¿Era el Seol un lugar de aniquilación total o un Sitio del que potencialmente uno podía ser rescatado por el Señor? Jesús desafió la falta de creencia de los saduceos en una vida después de la muerte en Mateo 22:32 cuando citó Éxodo 3:6 Y dijo: Yo soy el Dios de tu padre, Dios de Abraham, Dios de Isaac, y Dios de Jacob. Entonces Moisés cubrió su rostro, porque tuvo miedo de mirar a Dios..

Los fariseos estaban unidos en la existencia de lo que en hebreo se denomina Olam Ha-Ba (el Mundo Venidero).[44] Este término se utiliza para referirse a la era mesiánica y alude a un estado en el que el alma ha sido purificada.

Los fariseos enseñaban que el lugar que habitará el alma justa es Gan Eden (el Jardín del Edén).[45] Es un reino de paz, dicha y satisfacción. Algunos escritos sugieren que es un lugar de mesas y utensilios de oro, banquetes y relaciones sexuales; mientras que otros describen que no hay bebida, comida ni sustancia material y que sólo están presentes las almas, que han alcanzado una verdadera realización de Dios.[46] Hay un acuerdo casi universal en que, ya sea en el Seol si se es saduceo o en el Gan Edén si se es fariseo, después de la muerte hay algún lugar de reunión con los antepasados (véase Génesis 25:17; 49:33; y otros).

De todas las grandes religiones, los escritos sagrados islámicos parecen contener el mayor número de versículos descriptivos sobre el cielo. En el texto coránico, se hace referencia a este lugar con el término Jannah (paraíso).[47] Hay varios postulados básicos.

Se dice que es un lugar eterno y que hay gran belleza y gran riqueza. Para ellos (los destinatarios de la bendición) habrá Jardines de eternidad: bajo ellos correrán ríos; estarán adornados en ellos con brazaletes de oro, y vestirán ropas verdes de seda fina y brocado pesado. Se reclinarán en ella sobre tronos elevados (Corán, surah Al Kahf, capítulo 18, versículo 31). Se describe como un lugar de exuberante vegetación en el que hay ríos de agua cuyo sabor y olor no cambian, ríos de leche cuyo sabor nunca cambia, ríos de vino delicioso para los que beben y ríos de miel clarificada (Corán, Muhammad 47:15).

Es un lugar donde uno existe para siempre en la flor de la vida, libre de enfermedades, dolencias o la amenaza de la muerte. Los justos podrán disfrutar del vino de esos ríos (el alcohol está prohibido por el Corán) sin que produzca ningún efecto embriagador.[48] También se nos informa de que no puede comprenderse plenamente en esta vida: No importa lo que Alá te haya dicho; lo que no te ha dicho es aún mayor (Saheeh Muslim).

Los criterios de admisión pueden parecer simultáneamente inclusivos y exclusivos, dependiendo de la visión del mundo de cada uno. Aunque este lugar está reservado para quienes sólo han adorado a Alá, los seguidores de profetas del pasado como Abraham, Moisés y Jesús, de quienes se da a entender que adoraron al único

Dios verdadero, Alá, también obtendrían la admisión.[49]

Esta afirmación merece una pequeña explicación. Según la enseñanza islámica, hubo muchas ocasiones en las que Dios decidió revelarse a través de la escritura inspirada. Entre estos autores (profetas de Dios) se contaban Abraham, Moisés, David, Jesús, Mahoma y más de cien mil otros.[50] Sin embargo, mientras que se mantenía que los escritos anteriores se habían corrompido con el tiempo[51] (y en su edición actual no eran fiables), la doctrina islámica sostiene que Dios utilizó a Mahoma como autor final y definitivo.

Para obtener una comprensión más completa de Jannah, necesitamos combinar los escritos del Corán con lo que se denominan los hadices. El diccionario Merriam-Webster los define como el conjunto de tradiciones relacionadas con Mahoma y sus compañeros. Parece haber al menos cierta ambivalencia sobre el número de niveles o tipos de paraíso. Algunos lo relacionan con el número de versículos del Corán: Se dirá al compañero del Corán: 'Recita y sube de categoría como solías recitar en el mundo, y tu posición estará en el último versículo que recites' (hadiz de "Abd-Allah ibn "Amr).

Hay otros escritos que sitúan al creyente en el paraíso en un nivel acorde con su fe y sus obras. Apoyar económicamente la fe es una fuente de recompensa. La yihad (guerra santa por la causa de Allah) y, por supuesto, el martirio son medios para mejorar su posición eterna.[52]

Hay un hadiz que debe figurar: El mártir tiene siete bendiciones de Alá: se le perdona desde el momento en que se derrama su sangre por primera vez; se le mostrará su lugar en el Paraíso; se le evitará la prueba de la tumba; y estará seguro en el Día del Mayor Terror (el Día del Juicio Final); se colocará sobre su cabeza una corona de dignidad, un rubí del cual es mejor que este mundo y todo lo que hay en él; estará casado con setenta y dos hoor al-'ayn (el propio Corán no especifica este número); y se le permitirá interceder por setenta de sus parientes.[53]

Sin embargo, parece que el martirio no es un requisito previo para toda gran recompensa. Al-Tirmidhi, Vol. 4, Cap. 21, Nº 2687 contiene lo siguiente: La recompensa más pequeña para la gente del Cielo es una morada donde hay ochenta mil sirvientes y setenta y dos hurí, sobre la que se alza una cúpula decorada con perlas, aguamarina y rubí, tan ancha como la distancia de al-Yabiyyah a San'a. Se dice que el grado más alto del paraíso es al-Firdaws, del que se dice que es el más próximo a Allah. ...Cuando pidas a Allah, pídele al-Firdaws, pues está en medio del Paraíso y es la parte más elevada del Paraíso, y sobre él está el Trono del Más Misericordioso, y de él brotan los ríos del Paraíso (al-Bujari, 2637; Muslim, 2831).

Aunque todas las bendiciones per se parecen estar bien y ser buenas, no todas se consideran iguales cuando se trata de ser un motivador, al menos para los hombres, para desear ser contados entre los elegidos. El islam tiene las que probablemente sean las representaciones más provocativas del cielo (el paraíso). Mientras que el Corán da muchas referencias [54] a una recompensa de vírgenes de ojos oscuros, piel clara y pechos grandes que se entregarán como novias (hoor al-'ayn o huris o hurí), los hadices dan detalles mucho más extensos y, en algunos casos, explícitos. Intentaré transmitir los conceptos, aunque de forma atenuada.

En árabe clásico, hur'in se compone de dos palabras Hur e In. La primera palabra significa literalmente 'ojo más hermoso', independientemente del sexo de la persona, mientras que la segunda significa 'compañera'. Así, la traducción al español de la palabra compuesta Hur'in es 'compañeras puras con los ojos más bellos'"[55]. Se las describe como bellas, sin vello salvo en la cabeza y las cejas, modestas, compañeras de igual edad (todas jóvenes y en la flor de la vida), voluptuosas y sensuales, puras, siempre virginales (incluso después de mantener relaciones con su marido).[56, 57, 58]

Siempre me han encantado las imágenes y la iluminación del cuadro Jardín de Alá[59] de Maxfield Parrish , aunque, como descubrirá, puede haber motivos para cuestionarse si acertó en todos los detalles. Si usted es un varón leyendo esto, entonces puede estar pensando que esta versión del cielo suena muy atrayente. Como un buen infomercial, la descripción de la otra vida continúa con un ¡pero espere, hay más!. A los varones se les conceden atributos que les ayudarán a sacar el máximo partido de la situación, como erecciones eternas [60] y, al menos según mi lectura de esto, potencia para tener 100 orgasmos consecutivos sin necesidad de un respiro.[61]

Sin embargo, y quizá sea una cuestión de gusto personal, encuentro lo que consideraría algunos impedimentos potenciales (sin juego de palabras) para esta dicha eterna. Según el hadiz de Sahih Bujari (Vol.4, Libro 54, número 476), las hurí serán transparentes de modo que la médula de los huesos de sus piernas se verá a través de los huesos y la carne. Además, se dice que cada uno de estas hurí mide 60 codos (90 pies) de alto (Sahih Bujari: Vol 4, libro 55, número 544) y 7 codos (10 ½ pies) de ancho (Al Ghazzali, Ihya Uloom Ed-Din Vol. 4).[62]

Multiplique eso por 72 y tendrá muchas mujeres a las que mantener contentas. No encuentro ninguna referencia a que los varones sean cambiados de tamaño, pero quizás me lo haya perdido. Si se les cambia el tamaño en una cantidad proporcional, entonces ¿hay alguna diferencia si los implicados miden ambos 90 pies o ambos 9 pies o ambos 9 pulgadas? Si el varón no cambia de estatura, entonces no veo cómo esto va a ser beneficioso mecánicamente para ninguna de las partes.

Además, no puedo evitar pensar que habría un peligro intrínseco en mantener incluso relaciones sexuales consentidas con una pareja que mide 15 veces tu estatura y aproximadamente 735 veces tu masa corporal. No es difícil imaginar que en la agonía del éxtasis sexual, la hurí podría infligir involuntariamente graves daños corporales a su pareja.

Sin embargo, supongamos por el momento que todo funciona bien para todos los implicados. El receptor de la bendición llamémosle Yusuf, o Kim si lo prefiere, [63] tiene un hermoso lugar donde vivir, comida y bebida estupendas, ropa fina (¡cuando encuentra tiempo para ponérsela!), y setenta y dos guapísimas hurí clamando por su atención sexual. Pesimista que soy, sigo viendo una nube oscura en el horizonte.

Dolf Zillman, de la Universidad de Indiana, preparó un documento para el Taller del Cirujano General sobre Pornografía y Salud Pública (Arlington, Virginia, 22-24 de junio de 1986). Se titulaba Efectos del consumo prolongado de pornografía. Cita varias referencias, entre ellas un trabajo de 1971 de Reifler, Howard,

Lipton, Liptzen y Widman, que se esforzaba por explorar los efectos del consumo de pornografía en estudiantes universitarios varones y la reacción posterior a la pornografía.

Cabe destacar un par de conclusiones. Los resultados muestran que los hombres jóvenes tenían inicialmente un gran interés por las películas pornográficas. Sin embargo, este interés se desvaneció con el consumo repetido.... Lo que sí demuestra el estudio es que los consumidores de pornografía se cansan de ver los mismos materiales repetidamente.

Reconsideremos el caso de las setenta y dos vírgenes. En el ámbito de la eternidad, si Yu-Kim mantiene relaciones sexuales con diez hurí diferentes cada día, empezará a repetir ese ciclo aproximadamente una vez a la semana. Así, en un mes habrá tenido sexo con cada una unas cuatro veces. En un año, habrá tenido sexo con cada una unas cincuenta veces. En diez años, habrá tenido sexo con cada una de ellas quinientas veces, y en cien años, cinco mil veces. Pero la eternidad es mucho tiempo. En sólo mil millones de años habrá tenido sexo con cada una de ellas cincuenta mil millones de veces. Cincuenta mil millones es un número grande. (Por ejemplo, esa cantidad de segundos equivaldría a unos 870 años.) Ahora empieza a ver el problema. No importa lo hermosa que sea la hurí. Si se expone lo suficiente, incluso la mejor comida tiene menos atractivo que el pastel de carne de hace una semana.

Tal vez no sea lo suficientemente aventurero, pero la eternidad es un tiempo muy largo, y cualquier actividad en la que se suponga que voy a estar ocupado durante ese tiempo merece una contemplación a fondo.

Me doy cuenta de que la discusión anterior ya ha alienado a la mitad de mi audiencia, y no son los únicos. Según la información que he podido recopilar en Internet,[64] las mujeres islámicas modernas tienen ciertos recelos sobre su recompensa en la otra vida. Se dice que el Corán no aborda específicamente la recompensa de las mujeres, pero también se dice que al menos algunos versículos de los hadices pueden tomarse de forma neutra en cuanto al género.[65]

La literatura cristiana relativa al cielo es mucho más sosegada en comparación, aunque algunas de las imágenes son, cuando menos, inusuales. Quizá deberíamos empezar por pensar cómo no es el cielo.

Creo que Hollywood nos ha dado una muestra mucho mejor de lo que puede suponer el infierno (busque en las películas disponibles en Internet) que del cielo. En las películas, el cielo se ha mostrado tradicionalmente como un lugar muy brumoso. Quizá esto fuera intencionado con respecto a nuestra falta de comprensión del cielo o quizá simplemente fuera menos costoso filmar una escena celestial en algún muelle de San Francisco.

En cualquier caso, es probable que uno vea pocos habitantes (humanos o celestiales) en cualquier escena, ¿y de dónde sigue saliendo esa música de arpa? Por mucho que disfrute con la interpretación de Harpo Marx[66] (¡incluyendo un poco de arpa de jazz!) en la película de 1940 de los hermanos Marx, Go West[67] , una dieta constante de música de arpa sería como atiborrarse de palomitas: pronto llegaría la hora de cambiar de menú. (Si está viendo una escena llena de niebla que podría ser el paraíso y en su lugar hay un fondo de música de acordeón, ¡prevea que el sujeto de la toma no tardará en darse cuenta de algo muy desagradable).

En definitiva, es muy vainilla por naturaleza, y podría preguntarse por qué alguien querría pasar allí cinco minutos, y no digamos ya una eternidad. Por desgracia, este tipo de imágenes es en el que mucha gente basa su concepto del reino de Dios. De ahí que puedan encontrarse diciendo cosas como: Bueno, si eso es el cielo, entonces creo que quiero el otro lugar porque ahí es donde está toda la gente divertida. Esto, como espero demostrar en el resto de este libro, es la antítesis misma de la verdad.

Ahora quiero examinar conceptos que han estado vigentes desde el inicio de la fe cristiana.

Las primeras descripciones que tenemos del cielo tratan del concepto de acabar con nuestros cielos y tierra actuales. No se trata de una idea exclusiva del Nuevo Testamento, sino que encuentra sus raíces en los escritos de Isaías en el Antiguo Testamento.

Isaías 65:17 figura: Porque he aquí que yo crearé nuevos cielos y nueva tierra; y de lo primero no habrá memoria, ni más vendrá al pensamiento.

Continúa en el capítulo 66, versículos 22-23: Porque como los cielos nuevos y la nueva tierra que yo hago permanecerán delante de mí, dice Jehová, así permanecerá vuestra descendencia y vuestro nombre. Y de mes en mes, y de día de reposo en día de reposo, vendrán todos a adorar delante de mí, dijo Jehová.

Nótese el plural en cielos. Dada la cultura judaica de la época en que escribió Isaías, me atrevería a decir que no se trata del cielo, la morada de Dios, per se, sino más bien de una referencia a los cielos atmosféricos (véase la discusión sobre el tercer cielo más adelante). Hay razones para suponer que los cielos celestes aún no están implicados, ya que todavía se menciona el paso de los meses (de una luna nueva a otra) y de las semanas (de un sábado a otro). En Apocalipsis 21:1 vemos la continuación del concepto de que nuestra actual morada terrenal está desapareciendo: Vi un cielo nuevo y una tierra nueva; porque el primer cielo y la primera tierra pasaron, y el mar ya no existía más.

En este escenario nos encontramos a continuación con lo que podría denominarse la capital del cielo, conocida como la Nueva Jerusalén. Apocalipsis 21:2-3 dice: Y yo Juan vi la santa ciudad, la nueva Jerusalén, descender del cielo, de Dios, dispuesta como una esposa ataviada para su marido. Y oí una gran voz del cielo que decía: He aquí el tabernáculo de Dios con los hombres, y él morará con ellos; y ellos serán su pueblo, y Dios mismo estará con ellos como su Dios.

Más adelante, en el capítulo 21, hay más detalles sobre la estructura física de la ciudad. Aquí enumeraré sólo algunos. Por lo que puedo discernir, la Nueva Jerusalén está dispuesta en forma de cubo de 1400 millas de lado y tiene muros de 200 pies de grosor hechos de jaspe. A diferencia de las visiones siempre empañadas de Hollywood, la ciudad en sí es de oro y pura como el cristal, está decorada con piedras preciosas, tiene cimientos de jaspe, zafiro, ágata, esmeralda, ónice, rubí, crisólito, berilo, topacio, turquesa, jacinto y amatista... deslumbrados por el resplandor de la maravillosa Ciudad. Las calles estaban bordeadas de hermosas casas construidas todas ellas de mármol verde y tachonadas por todas partes de brillantes esmeraldas... el pavimento del mismo mármol verde, y donde se unían los bloques había hileras de esmeraldas, engarzadas estrechamente, y relucientes bajo el resplandor del sol.

¡Uy! De algún modo, en esas dos últimas frases he pasado de una descripción de la Nueva Jerusalén a una descripción de la Ciudad Esmeralda de El maravilloso mago de Oz de L. Frank Baum...[68] De acuerdo, llámenme cínico, pero al haberme criado en una pequeña ciudad de Estados Unidos, nunca me han gustado mucho los brillos: dorados esto, plateados lo otro, rubíes lo de más allá (y así sucesivamente).

Aunque impresionantes a la vista, no hay muchas cosas en la descripción que realmente me gustaría ver. De hecho, sin esas pocas cosas, si tuviera que hacer un recorrido por la ciudad, podría responder como lo hizo uno de mis sobrinos ante otra experiencia. Mi hermano mayor, su mujer y sus cuatro hijos estaban de visita y quise llevarles a mi restaurante szechuan favorito. Aunque mi hermano y su mujer disfrutaron de la comida, creo que los niños se sintieron un poco decepcionados por no haber comido una hamburguesa con patatas fritas. Mientras salíamos del establecimiento, mi joven sobrino Jesse llamó mi atención. Tío Greg, gracias, ha estado genial. Pero no volvamos aquí hasta dentro de un año por lo menos.

Entonces, ¿qué es lo que realmente me gustaría experimentar allí? Lo más impresionante: Resplandecía con la gloria de Dios (Apocalipsis 21:11). La ciudad no necesita que el sol o la luna brillen sobre ella, porque la gloria de Dios la ilumina, y el Cordero es su lámpara (v. 23).

En segundo lugar, en Apocalipsis 22:1-2 se describe el río de agua de vida que fluye del trono de Dios y del Cordero y el árbol de la vida que está a cada lado del río. Suena aún más bonito que una tarde de verano en el río Deschutes, en Mirror Pond, en Bend (Oregón), donde me crié.

Hay lo que debe ser una visión bastante común en el cielo: seres denominados ángeles. El cielo está habitado por al menos 100 millones de ángeles fieles (Apocalipsis 5:11). En cuanto a qué forma o formas tienen estas creaciones especiales, no estoy seguro. Por mucho que me gusten algunas de las representaciones angelicales de Bouguereau[69] (francés, 1825-1905), como Canción de los ángeles

(1881), Un alma llevada al cielo (1878) y la un tanto caprichosa El retorno de la primavera (1886), sospecho que el conjunto angélico es más variado de lo que imaginamos.

En el capítulo 4 del Apocalipsis se describen cuatro criaturas vivientes con combinaciones inusuales de rasgos, incluyendo seis alas cada una y tantos ojos que, si las cataratas fueran posibles en el cielo, ¡una sola criatura podría mantener ocupado a un oftalmólogo durante semanas! Ya sabemos que se hacía referencia a los ángeles en Génesis 3:24: Echó, pues, fuera al hombre, y puso al oriente del huerto de Edén querubines, y una espada encendida que se revolvía por todos lados, para guardar el camino del árbol de la vida.

En Números 22:27-28 leemos sobre mi viejo amigo y tocayo, el burro de Balaam: Y viendo el asna al ángel de Jehová, se echó debajo de Balaam; y Balaam se enojó y azotó al asna con un palo. Entonces Jehová abrió la boca al asna, la cual dijo a Balaam: ¿Qué te he hecho, que me has azotado estas tres veces?.

Ya sabemos que no conviene provocar innecesariamente a un ángel. En 2 Reyes 19:35 leemos: Y aconteció que aquella misma noche salió el ángel de Jehová, y mató en el campamento de los asirios a ciento ochenta y cinco mil; y cuando se levantaron por la mañana, he aquí que todo era cuerpos de muertos. (¡Ese es un recuento de cadáveres mayor que el de la mayoría de las películas de Arnold Schwarzenegger!)

Teniendo esto en cuenta, haríamos bien en no calumniar a los demonios (véase 2 Pedro 2:10 y Judas 1:8-9) ni en intentar combatirlos bajo nuestro propio poder, ya que su origen es literalmente angélico. Porque si Dios no perdonó a los ángeles que pecaron, sino que arrojándolos al infierno los entregó a prisiones de oscuridad, para ser reservados al juicio (2 Pedro 2:4).

En Hechos 19:14-16 leemos: Había siete hijos de un tal Esceva, judío, jefe de los sacerdotes, que hacían esto. Pero respondiendo el espíritu malo, dijo: A Jesús conozco, y sé quién es Pablo; pero vosotros, ¿quiénes sois? Y el hombre en quien estaba el espíritu malo, saltando sobre ellos y dominándolos, pudo más que ellos, de tal manera que huyeron de aquella casa desnudos y heridos.

En cuanto a que hubiera cien millones de ángeles presentes,

bueno, como habrá adivinado, a mí tampoco me gustan mucho las audiencias. Aunque estoy seguro de que son criaturas magníficas, no estoy seguro de cuánto tiempo podría pasar observándolas.

He ido a ver ballenas, y esos animales son bestias realmente espectaculares. Pero un par de horas y he terminado. Esto podría parecerse más a la observación de aves. ¡Miren amigos, viene por el otro lado del campanario! ¿Lo ven todos? ¡Bien! Ahora guardemos silencio unos segundos y escuchemos. ¿Lo ha oído todo el mundo? Bien. Ya pueden tachar de su lista al lanzador de truenos de seis alas y garganta dorada.

No me malinterpreten. No estoy menospreciando a los ángeles. De hecho son espectaculares más allá de lo creíble y mi escepticismo puede estar basado una vez más en mi falta de imaginación. Pero cualquier cosa que vaya a contemplar durante toda la eternidad debe acabar perdiendo parte de su intriga para mí. Espero no haber ofendido a ningún ángel aquí; ésa no era mi intención. Sin embargo, estoy bastante seguro de que no se sienten menospreciados.

Aquellos seres angélicos que han permanecido leales a Dios saben que no deben ser adorados; en cambio, encuentran su plenitud en dar gloria a Dios, como deberíamos hacer nosotros. De hecho, si se encuentra con un ángel que sí exige ser adorado, acaba de conocer al enemigo.

Principalmente, ya sabes que el cielo es la morada de Dios. Una de las primeras referencias a esto se encuentra en Éxodo 20:22: Y Jehová dijo a Moisés: Así dirás a los hijos de Israel: Vosotros habéis visto que he hablado desde el cielo con vosotros.

Luego, en Deuteronomio 26:15 hay testimonio de que el pueblo judío creía que esto era cierto: Mira desde tu morada santa, desde el cielo, y bendice a tu pueblo Israel, y a la tierra que nos has dado, como juraste a nuestros padres, tierra que fluye leche y miel.

Jesús ciertamente suscribió la idea como se demuestra en Mateo 6:9- 10: Vosotros, pues, oraréis así: Padre nuestro que estás en los cielos, santificado sea tu nombre. Venga tu reino. Hágase tu voluntad, como en el cielo, así también en la tierra.

Por último, tenemos el testimonio de los padres de la iglesia, como se señala en Hechos 7:55: Pero Esteban, lleno del Espíritu Santo, puestos los ojos en el cielo, vio la gloria de Dios, y a Jesús que estaba a la diestra de Dios.

En segundo lugar, ya sabemos que el cielo es un lugar de recompensa para aquellos que han encontrado su camino hacia una relación salvadora con Dios. En 2 Reyes 2:1 leemos: Aconteció que cuando quiso Jehová alzar a Elías en un torbellino al cielo, Elías venía con Eliseo de Gilgal.

Una de las primeras referencias que encontramos a Jesús al respecto fue en las Bienaventuranzas de Mateo 5:3: Bienaventurados los pobres en espíritu, porque de ellos es el reino de los cielos. Hace más de media docena de otras referencias a que éste es la morada final de lo que Él llamaría sus hermanos y hermanas (Marcos 3:35) o hijos de Dios (Mateo 5:9 y 5:44-45).

El apóstol Pablo hace varias referencias al cielo como destino final. En 2 Corintios 5:2, Y por esto también gemimos, deseando ser revestidos de aquella nuestra habitación celestial.

Aunque algo tangenciales al tema directo, hay versículos más adelante en 2 Corintios (12:2-4) que siempre fueron un misterio para mí: Conozco a un hombre en Cristo, que hace catorce años (si en el cuerpo, no lo sé; si fuera del cuerpo, no lo sé; Dios lo sabe) fue arrebatado hasta el tercer cielo. Y conozco al tal hombre (si en el cuerpo, o fuera del cuerpo, no lo sé; Dios lo sabe), que fue arrebatado al paraíso, donde oyó palabras inefables que no le es dado al hombre expresar.

Esto me planteó dos preguntas: ¿Qué es el tercer cielo? ¿Qué es el paraíso, y es entonces una parte del cielo?

Como ha leído más arriba, los musulmanes (los que creen y siguen las enseñanzas islámicas) creen en muchos grados de cielo. ¿Debía creer que, como cristiano, también debía suscribir este punto de vista? Este concepto parecía ir en contra de todo lo que he llegado a creer sobre mi fe y mi posición ante Dios. Pienso en versículos como Efesios 2:4-9:

Pero Dios, que es rico en misericordia, por su gran amor con que nos amó, aun estando nosotros muertos en pecados, nos dio vida juntamente con Cristo (por gracia sois salvos), y juntamente con él nos resucitó, y asimismo nos hizo sentar en los lugares celestiales con Cristo Jesús, para mostrar en los siglos venideros las abundantes riquezas de su gracia en su bondad para con nosotros en Cristo Jesús. Porque por gracia sois salvos por medio de la fe; y esto no de vosotros, pues es don de Dios; no por obras, para que nadie se gloríe..

Para mí, esto tiene varias implicaciones claras. En primer lugar, somos hechos vivos en Cristo; no algunos vivos mientras que otros sólo más o menos vivos; todos tendremos vida plena. Segundo, no es por las obras que alcanzamos esta vida sino por la fe; por tanto, nuestro mérito ante Dios no se basa en nosotros sino en Jesús. Y se nos ve sentados con Jesús a la derecha de Dios. ¿Cuántos Jesús hay? Uno. ¿Cuántas manos derechas tiene Dios? Una. Por lo tanto, sólo puede haber un destino, un nivel del cielo, y está allí en Cristo. ¿Cómo es esto posible? Bien, ahora debe leer el resto de este pequeño libro.

Para ayudarme a resolver este dilema del tercer cielo, me condujeron a la página web del Ministerio de Investigación y Apologética Cristiana (http://carm.org). En ella se ofrecía lo que me pareció una explicación de lo más satisfactoria: En la época del antiguo Israel no tenían una comprensión del universo tan completa como la que tenemos hoy... Los judíos hablaban de tres cielos. El primer cielo consistía en la atmósfera terrestre donde estaban las nubes y los pájaros. El segundo cielo era donde estaban el sol, las estrellas y la luna. El tercer cielo era la morada de Dios. Pablo, no sólo judío sino también fariseo, probablemente habría tenido este mismo plano de referencia al describir la morada de Dios.

Con respecto a la naturaleza del paraíso, quizá nuestra mejor pista provenga de Lucas 23:42-43. La escena es el Gólgota y Jesús está clavado en su cruz con hombres condenados a ambos lados de Él. Y dijo a Jesús: Acuérdate de mí cuando vengas en tu reino. Entonces Jesús le dijo: De cierto te digo que hoy estarás conmigo en el paraíso.

Tomemos entonces este versículo y combinémoslo con Juan 20:17: Jesús le dijo: No me toques, porque aún no he subido a mi

Padre; mas ve a mis hermanos, y diles: Subo a mi Padre y a vuestro Padre, a mi Dios y a vuestro Dios. Para mí esto parece implicar que el paraíso es probablemente un lugar de conciencia, paz, belleza, vida y bienestar, creado por Dios pero aún no habitado por Él, al menos en ese momento.

Jesús visitó el paraíso el día en que fue crucificado. Tres días más tarde descubrimos que aún no había ido al Padre. Creo que sería razonable sostener que una vez que Jesús hubo ascendido al Padre, la apertura de la puerta a la presencia de Dios fue completa y las almas de los que habitaban el paraíso tenían ahora acceso directo al Padre. Esto no significa necesariamente que abandonaran el paraíso, sino más bien que empezaron a experimentar el cielo.

Utilizando un razonamiento muy similar, N. T. Wright[70] parece llegar a esa misma conclusión. A continuación, señala en su obra Sorprendidos por la esperanza,[71] que la iglesia primitiva parecía adherirse ciertamente a una doctrina de un proceso en dos etapas hacia nuestra forma de salvación final realizada.

La primera parte es la salvación del alma. En Mateo 11:29, Jesús dijo: Llevad mi yugo sobre vosotros y aprended de mí, que soy manso y humilde de corazón, y hallaréis descanso para vuestras almas.

Primera de Pedro 1:8-9 dice: A quien amáis sin haberle visto, en quien creyendo, aunque ahora no lo veáis, os alegráis con gozo inefable y glorioso; obteniendo el fin de vuestra fe, que es la salvación de vuestras almas.

El salmista creía ciertamente en el concepto de la salvación del alma por parte de Dios. El Salmo 62:5-7 dice: Alma mía, en Dios solamente reposa, Porque de él es mi esperanza. Él solamente es mi roca y mi salvación. Es mi refugio, no resbalaré. En Dios está mi salvación y mi gloria; En Dios está mi roca fuerte, y mi refugio. En el Salmo 23:6, David expresa su creencia en la vida eterna con Dios: Ciertamente el bien y la misericordia me seguirán todos los días de mi vida,

Y en la casa de Jehová moraré por largos días.

Dada esta mentalidad, parece probable que David viera el cielo como un lugar de reunión con sus seres queridos. En 2 Samuel 12 nos encontramos con que Betsabé acaba de dar a luz al hijo ilegítimo de David y ese hijo acaba de morir. En los versículos 22-23, David dijo a sus asistentes: Y él respondió: Viviendo aún el niño, yo ayunaba y lloraba, diciendo: ¿Quién sabe si Dios tendrá compasión de mí, y vivirá el niño. Mas ahora que ha muerto, ¿para qué he de ayunar? ¿Podré yo hacerle volver? Yo voy a él, mas él no volverá a mí.

En cuanto a la resurrección física de los muertos, antes me referí a la divergencia de opiniones entre fariseos y saduceos. La iglesia cristiana basa su teología sobre el cielo en la resurrección física de Cristo. Como Pablo lo figuró sin rodeos en 1 Corintios 15:32, Si como hombre batallé en Éfeso contra fieras, ¿qué me aprovecha? Si los muertos no resucitan, comamos y bebamos, porque mañana moriremos. A continuación, en los versículos 35-57, ofrece lo que me parece una de las descripciones más detalladas e inspiradoras de las Escrituras sobre lo que el creyente tiene que esperar:

Pero dirá alguno: ¿Cómo resucitarán los muertos? ¿Con qué cuerpo vendrán? Necio, lo que tú siembras no se vivifica, si no muere antes. Y lo que siembras no es el cuerpo que ha de salir, sino el grano desnudo, ya sea de trigo o de otro grano; pero Dios le da el cuerpo como él quiso, y a cada semilla su propio cuerpo. No toda carne es la misma carne, sino que una carne es la de los hombres, otra carne la de las bestias, otra la de los peces, y otra la de las aves. Y hay cuerpos celestiales, y cuerpos terrenales; pero una es la gloria de los celestiales, y otra la de los terrenales. Una es la gloria del sol, otra la gloria de la luna, y otra la gloria de las estrellas, pues una estrella es diferente de otra en gloria. Así también es la resurrección de los muertos. Se siembra en corrupción, resucitará en incorrupción. Se siembra en deshonra, resucitará en gloria; se siembra en debilidad, resucitará en poder. Se siembra cuerpo animal, resucitará cuerpo espiritual. Hay cuerpo animal, y hay cuerpo espiritual. Así también está escrito: Fue hecho el primer hombre Adán alma viviente; el postrer Adán, espíritu vivificante. Mas lo espiritual no es primero, sino lo animal; luego lo espiritual. El primer hombre es de la tierra, terrenal; el segundo hombre, que es el Señor, es del cielo. Cual el terrenal, tales también los terrenales; y cual el celestial, tales también los celestiales. Y así como hemos traído la imagen del terrenal, traeremos también la imagen del celestial. Pero esto digo, hermanos: que la carne y la sangre no pueden heredar el reino de Dios, ni la corrupción hereda la incorrupción. He aquí, os digo un misterio: No todos dormiremos; pero todos seremos transformados, en un momento, en un abrir y cerrar de ojos, a la final trompeta; porque se tocará la trompeta, y los muertos serán resucitados incorruptibles, y nosotros seremos transformados. Porque es necesario que esto corruptible se vista de incorrupción, y esto mortal se vista de inmortalidad. Y cuando esto corruptible se haya vestido de incorrupción, y esto mortal se haya vestido de inmortalidad, entonces se cumplirá la palabra que está escrita: Sorbida es la muerte en victoria. ¿Dónde está, oh muerte, tu aguijón? ¿Dónde, oh sepulcro, tu victoria? ya que el aguijón de la muerte es el pecado, y el poder del pecado, la ley. Mas gracias sean dadas a Dios, que nos da la victoria por medio de nuestro Señor Jesucristo.

Podemos analizar estos versículos a la luz de Mateo 24:30-31 donde Jesús figura: Entonces aparecerá la señal del Hijo del Hombre en el cielo; y entonces lamentarán todas las tribus de la tierra, y verán al Hijo del Hombre viniendo sobre las nubes del cielo, con poder y gran gloria. Y enviará sus ángeles con gran voz de trompeta, y juntarán a sus escogidos, de los cuatro vientos, desde un extremo del cielo hasta el otro.

Fíjese también en 1 Tesalonicenses 4:14-17: Porque si creemos que Jesús murió y resucitó, así también traerá Dios con Jesús a los que durmieron en él. Por lo cual os decimos esto en palabra del Señor: que nosotros que vivimos, que habremos quedado hasta la venida del Señor, no precederemos a los que durmieron. Porque el Señor mismo con voz de mando, con voz de arcángel, y con trompeta de Dios, descenderá del cielo; y los muertos en Cristo resucitarán primero. Luego nosotros los que vivimos, los que hayamos quedado, seremos arrebatados juntamente con ellos en las nubes para recibir al Señor en el aire, y así estaremos siempre con el Señor. Podemos concluir que la iglesia primitiva creía que al morir el alma es conducida inmediatamente a la presencia de Jesús, y por tanto del Padre, mientras que la resurrección corporal a nuestro estado final y eterno de ser tiene lugar a su regreso a la tierra.[72]

Al leer los pasajes anteriores, me viene a la mente la imagen de la resurrección de los muertos como algo parecido a una tostadora emergente. Aunque la apariencia física podría parecerle así a un espectador que observara el acontecimiento, creo que lo que experimentarán realmente los que duermen en Cristo será algo diferente.

No lo veo como un despertador que suena por la mañana temprano o el estruendo imprevisto de la diana. Me gusta dividir la llamada a la gloria en dos partes: el mensaje y la voz.

Creo que el mensaje se parecerá mucho más a lo que leemos en el Cantar de los Cantares 2:10-13 que a un sargento instructor angélico o a un gallo celestial.

Mi amado habló, y me dijo:

Levántate, oh amiga mía, hermosa mía, y ven. Porque he aquí ha pasado el invierno, Se ha mudado, la lluvia se fue; Se han mostrado las flores en la tierra, El tiempo de la canción ha venido, Y en nuestro país se ha oído la voz de la tórtola. La higuera ha echado sus higos, Y las vides en cierne dieron olor; Levántate, oh amiga mía, hermosa mía, y ven.

En cuanto a la voz, no importa el idioma que hable. En cuanto oiga ese sonido sabrá sin lugar a dudas qué es y a quién pertenece. No se trata necesariamente de un volumen excesivo. Es el carácter distinto e irreproducible del sonido lo que hará que su acatamiento inmediato sea la única opción. Cada fibra de su ser resonará ante esa pronunciación. Nuestro concepto del término sonido es demasiado vacío para empezar a describir esa fuerza tan impresionante en majestad y poder que habló al universo para que existiera. Es la voz del Maestro y no importa quién sea usted o quién haya sido, en algún momento la oirá.

Por último, y lo más importante para la iglesia del siglo I y para nosotros, es el conocimiento de que como hermanos y hermanas e hijos de Dios (como se ha mencionado anteriormente), seremos como él: Amados, ahora somos hijos de Dios, y aún no se ha manifestado lo que hemos de ser; pero sabemos que cuando él se manifieste, seremos semejantes a él, porque le veremos tal como él es. (1 Juan 3:2).

Seremos como él. Pero, ¿qué significa eso y qué implicaciones tiene para evitar el tedio en la eternidad?

Porque, por mi parte, las descripciones del cielo hasta ahora no me han dado esperanzas sustanciales para eludir el aburrimiento final. Antes de que podamos esperar empezar a tener algún asidero para escapar de la trampa de la banalidad inevitable, primero deberíamos intentar obtener algún tenue concepto del tiempo y la eternidad.

CAPÍTULO 3

TIEPO

"Mas, oh amados, no ignoréis esto: que para con el Señor un día es como mil años, y mil años como un día."
2 PEDRO 3:8

El tiempo perdido nunca se vuelve a encontrar.
BENJAMIN FRANKLIN

Debo gobernar al reloj, no ser gobernado por él.
GOLDA MEIR

El presente es un punto que acaba de pasar.
DAVID RUSSELL

Los cristianos tienden a afirmar con ligereza que van a pasar la eternidad con el Señor. Entonces, ¿qué es la eternidad? Cuando consulté la aplicación de mi teléfono del diccionario Merriam-Webster me sorprendió un poco no encontrar entre las definiciones tiempo sin fin. Por supuesto, eso no hace más que pedir unadefinición para la palabra tiempo.

Al buscar la palabra tiempo, encuentro un montón de definiciones como: el periodo medido, o mensurable, durante el cual una acción, proceso o condición existe o continúa y un continuo no espacial que se mide en términos de acontecimientos que se suceden desde el pasado, pasando por el presente, hasta el futuro, etcétera.

Por desgracia, ninguna de las definiciones que he encontrado hace un trabajo adecuado para decirme qué es el tiempo. Antes de considerar lo que creemos saber sobre el tiempo en general, creo que nos corresponde considerar dónde encaja Dios en esa construcción.

Hay algunos, incluso dentro de la cristiandad, que proponen que Dios mismo está sujeto a los efectos del tiempo. Siguiendo los escritos de Alfred North Whitehead, los partidarios de la Teología del Proceso creen que al igual que todo el universo está en constante flujo y cambio, Dios, como fuente del universo, es visto como creciente y cambiante.[1]

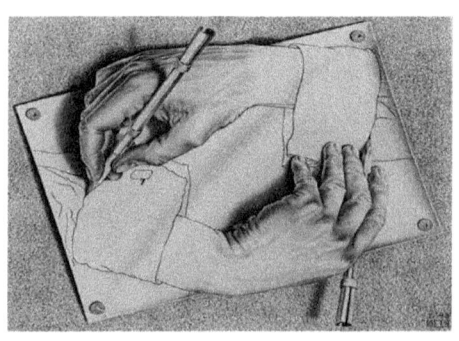

Me viene a la mente un dibujo muy bonito del talentoso y creativo artista gráfico holandés M.C. Escher como una posible forma de conceptualizar este punto de vista. La obra se titula Manos que se dibujan. Probablemente muchos de ustedes hayan visto esta obra o algo parecido y se hayan inspirado en ella. Lo que muestra la imagen son dos manos que parecen surgir de un único trozo de papel. Cada mano mantiene un lápiz y se dedica activamente a crear o modificar el dibujo que hace la otra mano.

"MANOS DIBUJANTES" DE M.C. ESCHER[2]

Esto es, por supuesto, antitético a Malaquías 3:6 donde leemos, Porque yo Jehová no cambio; por esto, hijos de Jacob, no habéis sido consumidos. y a Santiago 1:17, Toda buena dádiva y todo don perfecto desciende de lo alto, del Padre de las luces, en el cual no hay mudanza, ni sombra de variación. Considere también Hebreos 13:8 Jesucristo es el mismo ayer, y hoy, y por los siglos.

Esta supuesta plasticidad de Dios tiene muy poco sentido desde un punto de vista cosmológico. Espero demostrar más adelante en este libro que la creación incluye implícitamente la génesis de la materia, el espacio, la energía y el tiempo. Así, para que Dios haya creado esos elementos, debe existir fuera de ellos; es decir, no puede ser un producto de ellos. Al estudiar Manos que dibujan con más detalle, me encanta el ingenio y el talento artístico que se emplearon en su creación.

Sin embargo, mi intelecto -limitado como es- me obliga a llegar a una sencilla conclusión: Este cuadro no se creó a sí mismo. Suponer que esta obra se generó a sí misma sería absurdo. Por el contrario, fue moldeada por un maestro invisible. La mano del autor de la imagen no fue realmente cambiada por las manos que la dibujaron.

De forma análoga, considerar a Dios como una parte maleable de la creación no tiene más sentido. Al igual que Escher, Dios es el artista invisible. Sin embargo, el hecho de que la bella y compleja obra exista es testimonio de Su existencia.

Podemos sentirnos tentados a preguntarnos qué había antes de que el universo llegara a existir. Creo que la respuesta sencilla pero correcta es que no había nada; ni había antes. Estas porciones de nuestra existencia son simplemente herramientas inventadas por Dios. Él es, fue y siempre existirá, pero no se limita a lo que es, fue o será.

Una analogía moderadamente simple puede ayudar. Considere que todo lo que llamamos espacio, materia y energía se transforman en un disco de vídeo digital (DVD). En ese caso, el tiempo actuaría como el reproductor de DVD y lo que se ve en la pantalla de vídeo es nuestra realidad actual. Aunque cada uno de nosotros aparece en algún momento en esa pantalla, no se nos ve allí constantemente. De hecho, no estamos ahí, luego estamos, y finalmente no volvemos a estar, para no ser vistos de nuevo durante el resto de la película.

Hay alguien que está viendo ese vídeo. Es quien concibió la película en primer lugar, la realizó y la colocó en el DVD. Sin embargo, se trata de una edición especial en 3-D, Blu-ray DVD que tiene una característica añadida. El espectador/creador tiene la capacidad de interactuar con los personajes en cualquier lugar de la película cuando lo considere oportuno. Como no está confinado en el DVD y controla también el reproductor, puede retroceder hasta el principio, avanzar hasta el final, ir a cámara rápida, a cámara lenta, marcha atrás o seguir la película.

Como algunas personas que conozco, se ha aprendido la película de memoria y puede citar todas las líneas, sabe cuánto dura cada escena y puede enumerar a todas las personas importantes y secundarias que aparecen en la película. Ya sé que usted ha conjeturado de quién se trata viendo este reportaje. Algunas personas de la película han adivinado que están siendo observadas y sienten curiosidad por el espectador. Quieren saber cuántos años tiene. No han considerado que viejo solo se aplica a lo avanzado de la grabación en el DVD.

Como no está confinado a ese medio, como el Creador no está atado a la creación, no tiene edad. Simplemente existe y existe de una forma mucho más profunda que cualquier cosa que pueda concebir cualquiera de los que aparecen en la película. Él es verdadero. Él es real. Y son, en el mejor de los casos, simples imágenes bidimensionales o tridimensionales. Ha habido algunas ocasiones en las que ha intentado compartir esta perspectiva con ellos diciendo algo así como: Yo soy el Alfa y la Omega, el principio y el fin, el primero y el último. (Apocalipsis 22:13), e incluso más concisamente, YO SOY EL QUE SOY (Éxodo 3:14). Los personajes son un poco lentos en la comprensión.

Creo que esto tiene implicaciones muy reales con respecto al estado en el que pasaremos nuestra eternidad y, por tanto, cómo repercute en nuestra habilidad para aburrirnos. Tal y como yo lo veo, cuando morimos y vamos al cielo, éste podría consistir en un lugar donde no hay tiempo, un lugar donde hay tiempo pero no envejecimiento, o un lugar donde cosas como las dimensiones y el tiempo no tienen ningún significado. Eso es lo que llamaré el lugar de Dios, a falta de un término mejor. Es ese reino ocupado sólo por Dios.

Me opondría a que existiera un lugar sin tiempo porque, al menos tal y como yo entiendo la existencia, sería muy difícil tener alguna interacción con alguien o algo en ese caso. Por razones que espero esclarecer más adelante, creo que hemos sido creados específicamente para la interacción y, por tanto, descarto la premisa del estado estancado.

Tampoco creo que el cielo se componga del lugar de Dios. Aunque esto tal vez permitiría la interacción -y sí creo que podremos interactuar con ese reino- para estar en ese reino, tendríamos que convertirnos literalmente en Dios. Aunque ha habido un montón de gente en manicomios (¡y unos cuantos en cargos políticos!) que se han creído Dios, se ha demostrado que estaban tristemente equivocados. No, el Creador es el Creador, y la creación es la creación.

Eso deja el otro escenario en el que existe un lugar literal en el que somos capaces de vivir para siempre, interactuando con Dios y con los demás habitantes. Por razones que expondré en el debate sobre cosmología (esa rama de la astronomía que se ocupa del origen y la estructura del universo y sus relaciones con el espacio y el tiempo) vamos a necesitar un universo fundamentalmente diferente en el que pasar ese tiempo.

¿Qué sabemos del tiempo en sí? San Agustín[3] (354- 430 d.C.) resumió en su escrito Confesiones lo que sigue siendo una sinopsis viable de lo que entendemos que es la naturaleza del tiempo:

¿Qué es, pues, el tiempo? ¿Existe alguna respuesta breve y fácil para ello? ¿Quién puede poner la respuesta en palabras o incluso verla en su mente? Sin embargo, ¿qué palabra más común o más familiar utilizamos al hablar que tiempo? Obviamente, cuando la usamos, sabemos lo que queremos decir, igual que cuando oímos a otro usarla, sabemos lo que quiere decir. ¿Qué es entonces el tiempo? Si nadie me lo pregunta, lo sé; si quiero explicárselo a quien me lo pregunta, no lo sé.

El tiempo no es lo que usted cree que es; pero, por otro lado, es exactamente lo que usted cree que es. La primera dicotomía que considero al abordar este tema es la diferencia entre el tiempo la sustancia y el tiempo lo subjetivo. Tendemos a aceptarlo como una verdad inmutable de nuestra existencia cotidiana: Hay 60 segundos en un minuto, 60 minutos en una hora, 24 horas en un día, etcétera. Por el contrario, nuestra percepción subjetiva del tiempo es nuestra experiencia personal de su paso. Ésta, por su naturaleza, es menos ordenada y varía de una persona a otra y de un acontecimiento a otro. Hablaré primero del tiempo subjetivo.

¿Ha estado alguna vez en una situación en la que el tiempo se dilataba y parecía ralentizarse? No me refiero a la experiencia coloquial del tipo he tenido un día largo, sino a una en la que parecía haber una ralentización del paso de un acontecimiento.

Recuerdo varias experiencias de mi juventud en las que presenciaba algo como si sucediera a cámara lenta. En una ocasión iba montado en la parte trasera de la bicicleta de otro niño (¿se acuerda de aquellas bicicletas con ruedas de balancín que eran de una velocidad y llevaban portaequipajes en la parte trasera?) Iba bien sentado; es decir, hasta que él cayó en un bache del camino de tierra. Recuerdo haber salido de mi sitio tras el impacto. Posteriormente, mis piernas y mi cuerpo se desplegaron lentamente detrás de mí como una bandera en un día ventoso mientras me aferraba con las manos a la parte trasera del asiento de la bicicleta.

Mientras perdía el agarre, recuerdo haber notado que mi postura era algo así como la de uno de mis personajes de ficción favoritos de la época, Superman en pleno vuelo. Observé cómo se me acercaba el suelo como se podría experimentar la proximidad de una pista de aterrizaje desde el asiento de la ventanilla de un avión. Afortunadamente, esta pista de aterrizaje, al no ser de asfalto, era mucho más indulgente. Así, mi aterrizaje fue menos catastrófico de lo que podría haber sido de otro modo.

Me aventuro a decir que prácticamente todos nosotros hemos experimentado el tiempo comprimido. Puede parecer que nuestras cabezas apenas golpean la almohada cuando suena instantáneamente la alarma para empezar otro día.

A veces este fenómeno funciona a nuestro favor. Yo he tenido la experiencia de estar completamente despierto mientras me sometía a una sigmoidoscopia rígida. Un sigmoidoscopio rígido es un tubo de unos quince centímetros de largo y unos tres cuartos de centímetro de diámetro. Sin embargo (¡quizá debería decir Owever!), se sentía completamente tres veces esa longitud y diámetro cuando yo era el objeto de su uso.

Como podrá deducir de su nombre, se utiliza para ver el colon sigmoide. La porción sigmoidea del colon fue bautizada así por nuestros predecesores griegos debido a su forma de S. No hace falta ser muy imaginativo para ver la dificultad inherente de conciliar una forma sigmoidea con una lineal.

También he experimentado una colonoscopia, realizada con un colonoscopio de unos dos metros de largo y media pulgada de diámetro pero totalmente flexible y, al menos en mi caso, administrado mientras estaba bajo los efectos de una droga llamada Versed. Este extraordinario producto químico no sólo induce un estado similar al sueño sino que además tiene el beneficio añadido de cierto grado de amnesia retrógrada. En otras palabras, no sólo es probable que no le duela, ¡sino que es aún menos probable que lo recuerde si le dolió! Puestos a elegir entre las dos experiencias, prefiero con mucho la del tiempo comprimido, aunque sigo sin entender del todo cómo acabé sentado en esa silla con la ropa puesta.

Por desgracia, el tiempo comprimido también me ha metido en algunos problemas con algunas personas selectas. Me gustaría dejar claro que el pastor Al Perkins predica grandes sermones. Están bien investigados, son minuciosos y muy interesantes. ¿Es culpa mía que me hiciera sentir tan seguro y en paz en la iglesia que fuera propenso (rara vez en posición supina, pero casi siempre sentado) a descansar en el Señor?

Para pasar al siguiente tema, la sustancia del tiempo, me gustaría que considerara a una persona, un perro, un árbol y una roca. Todos ellos están sujetos a los efectos de la sustancia del tiempo. Solo la persona, el perro y el árbol mueren, pero los cuatro envejecen y, dado el tiempo suficiente (véase el capítulo 4), dejan de existir como tales.

Estoy moderadamente seguro de que solo la persona y el perro perciben el tiempo, ya que razono que es necesario que exista algún tipo de memoria para que esto ocurra. Así pues, el tiempo de la sustancia es independiente de que nuestra percepción del tiempo sea normal, ampliada o contraída. Continúa implacablemente a lo largo de si estamos despiertos o dormidos, conduciendo un coche deportivo a 200 millas por hora o acostado en un coma, sensible o no. Pero puede que le sorprenda que la persona en el coche deportivo experimente una auténtica ralentización del tiempo sustancial en comparación con su homólogo inmóvil.

Como he mencionado anteriormente, cuando consideramos el tiempo, tendemos a pensar en términos de segundos, minutos, horas, días, semanas, meses, años, décadas, etcétera. Sin embargo, éstos no son en realidad el tiempo, sino simplemente la medida del paso del tiempo. El misterio que intentamos dilucidar sigue siendo lo que es el tiempo.

Cada uno de nosotros tiene una experiencia innata con el tiempo que nos indica que parece ser el mismo vayamos donde vayamos o hagamos lo que hagamos. Suponiendo que un reloj funcione con normalidad, nuestras manecillas de los segundos no se detienen ni retroceden, las manecillas de las horas no saltan hacia delante cuatro horas sin previo aviso. O los calendarios no saltan de marzo a agosto sin pasar por los meses intermedios de abril, mayo, junio y julio. Cada uno de nosotros puede dar fe de que nuestra experiencia ha sido la de una progresión lineal a un ritmo determinado.

Nada menos que Sir Isaac Newton[4] observó el mismo fenómeno y estableció el requisito de un flujo universal del tiempo para que lo que se denomina física newtoniana fuera cierto. Y desde el acontecimiento de la publicación de los Naturalis Principia Mathematica en 1687, hasta 1916, una norma universal del tiempo fue el estado aceptado de la realidad.

Albert Einstein[5] publicó sus teorías de la relatividad especial en 1905 y de la relatividad general en 1916. Sostuvo que el tiempo, cuando se mide, no es universal sino variable y depende de dos factores: la velocidad relativa de un observador respecto a otro y el campo gravitatorio.

Esos dos factores son independientes entre sí en el sentido de que, si los dos observadores se encuentran dentro del mismo campo gravitatorio, el movimiento relativo regirá cualquier diferencial de tiempo. Del mismo modo, si no hay movimiento relativo, entonces el mayor campo gravitatorio de un observador provocará un diferencial de tiempo con el otro observador. Por lo que sé, esos dos efectos pueden ser aditivos o sustractivos entre sí.

En resumen, si tenemos dos observadores (cada uno con relojes emparejados y muy precisos), cuando uno empieza a acelerar alejándose del segundo (que está en una posición fija y en el mismo campo gravitatorio), entonces el tiempo empezará a ralentizarse en el reloj que acelera en comparación con el que está fijo.

El diferencial es muy ligero a cualquier velocidad que podamos alcanzar, pero a medida que nos acercamos a la velocidad de la luz (186.000 millas por segundo en el vacío), el tiempo se ralentiza hasta el punto de detenerse. Se podría pensar que el observador que acelera notaría que las cosas se ralentizan, pero como es el propio tiempo el que se ha ralentizado, y el observador se encuentra en ese marco de referencia, no es consciente de ningún cambio.

Esto explica algo que me desconcertó cuando lo oí por primera vez: no importa a qué velocidad viaje, incluso a 185.000 millas por segundo, percibirá la luz como si se alejara de usted a 186.000 millas por segundo, lo mismo que si estuviera quieto. Cuanto más rápido viaje, más se ralentiza el tiempo, y lo hace de tal forma que mantiene la velocidad de la luz en 186.000 millas por segundo con respecto al observador.

Así pues, si usted fuera un rayo de luz emitido por el sol, ¿cuánto tardaría en viajar hasta el borde del universo (si tal cosa existe)? Como el tiempo se ha detenido para usted, el viaje sería instantáneo. Todo esto suena a fantasía, pero se ha demostrado que es constante con los descubrimientos experimentales.[6]

Del mismo modo, a medida que uno se acerca a un campo gravitatorio, cuanto mayor es la gravedad, más se retrasa el tiempo. Pierre-Simon Marquis de Laplace (1749-1827) propuso que podría haber estrellas tan masivas que su campo gravitatorio impediría incluso que la luz escapara de ellas.[7]

Fue necesario que Karl Schwarzschild (1873-1916), trabajando con las ecuaciones de Einstein en 1916, demostrara cómo el espacio-tiempo, bajo la influencia de una gravedad suficientemente grande, podía curvarse hasta formar una masa esférica de la que la luz no podía escapar.[8]

Sin embargo, no fue hasta 1967 cuando el término agujero negro fue popularizado por el físico John Wheeler (1911-2008), aunque apareció en un artículo de 1964, "Agujeros negros" en el espacio de Ann E. Ewing, que lo escuchó en una reunión de la Asociación

Americana para el Avance de la Ciencia.[9]

Ahora se cree que en el centro de la mayoría de las galaxias espirales masivas, si no de todas, existen agujeros negros supermasivos del orden de hasta varios miles de millones de soles. Si uno se acercara a un agujero negro (¡una tontería, por cierto!), experimentaría un retraso del tiempo[10] similar al de la velocidad extrema.

Sin embargo, el tiempo no se detendría realmente hasta que uno fuera aplastado fuera de la existencia en lo que se denomina una singularidad, en la que el espacio-tiempo deja de existir y sólo permanece la gravedad. A un observador externo le parecería que tarda incluso más de lo que realmente tardaría, simplemente porque la luz que escapa hacia el observador habría sido ralentizada al escapar del área local (lo que se denomina desplazamiento gravitatorio al rojo) a medida que el sujeto se acercaba a lo que se conoce como horizonte de sucesos, ese punto en el que la gravedad es tan inmensa que la propia luz ya no puede escapar.

Así pues, la pregunta sigue en pie: ¿Qué es el tiempo sustancia? Hasta hace poco había supuesto que el tiempo existe como algo discreto. Como leerá en el capítulo 7, Descubrir las verdades universales, la teoría del big bang figura que todo lo que existe deriva de una fuente o tipo de energía primigenia. Por necesidad, entonces, el tiempo también debe ser de algún modo una manifestación de esta energía.

Pensé que este concepto podría ser útil para comprender lo que se denomina el periodo inflacionario del universo, un concepto expuesto por el físico Alan Guth en 1980.[11] Esta teoría dice que a partir de un periodo que duró entre 10^{-36} y 10^{-32} segundos después del big bang, el universo se expandió por un factor de al menos 10^{78}.[12]

En efecto, esto dice que durante ese breve tiempo el universo se expandió desde el nivel atómico hasta el tamaño del universo actualmente observable. Existen pruebas fehacientes de que esto es precisamente lo que ocurrió. (Si le interesa investigar más, puede buscar en Internet Radiación de fondo de microondas).

Me pregunté si tal vez la expansión representaba una fase del universo primitivo que tuvo lugar antes de que la energía primigenia se congelara en distintas formas, y tal vez la dimensionalidad se manifestara antes del tiempo per se. Sin embargo, anterior en sí mismo parece obligar a la existencia del tiempo, por lo que la pregunta se vuelve oximorónica, o más probablemente, ¡simplemente imbécil!

Tanto el espacio como el tiempo parecen haber tenido su origen en el mismo estallido primigenio de energía al que nos referimos como el big bang, que creó el cosmos hace unos 13.800 millones de años. A esa fuente singular se le atribuye haber engendrado nuestro universo y todo lo que le es intrínseco; todas las formas de materia, todas las fuerzas de la naturaleza como la luz, el magnetismo y la gravedad, todas las leyes que rigen cómo interactúan los diversos componentes de la creación, el espacio vacío (que en realidad no está vacío, pero ésa es otra discusión) y, por último, el tiempo mismo. Tras considerarlo mucho más detenidamente, he empezado a entretenerme con la idea de que tal vez sea probable que el espacio y el tiempo (espacio-tiempo) sean una sola mercancía con dos manifestaciones. Me llevé principalmente por este camino al considerar lo paralelos y proporcionados que son los efectos de la gravedad (y por tanto de la aceleración) en ambas realidades. Por ejemplo, a un 99,99% de la velocidad de la luz, un reloj en un cohete se habrá ralentizado de tal forma que mostrará que ha pasado 1 hora mientras que un reloj inmóvil registrará el paso de unas

70,7 horas. Del mismo modo, la longitud medida de un cohete de 300 pies de largo a esa velocidad parecerá inalterada a los ocupantes pero se habrá reducido a 4,5 pies de longitud medida por un observador estacionario. Observe lo similar que es el efecto de la aceleración tanto en la dilatación del tiempo como en la dimensionalidad. No fue hasta que llegué a esta conclusión cuando descubrí que tanto la contracción relativista de la longitud como la dilatación relativista del tiempo se rigen por las ecuaciones de Lorentz.

Es decir, la contracción de la longitud se calcula mediante **la contracción de Lorentz** ($l^1 = l \sqrt{1 - v^2/c^2}$) mientras que la dilatación del tiempo sigue su recíproco.($t^1 = t/\sqrt{1 - v^2/c^2}$).

Busqué una forma de ilustrar cómo esto podría ser posible y se me ocurrieron los dibujos conceptuales que aparecen a continuación. La figura superior del diagrama 1 muestra dos estructuras que se cruzan, un plano bidimensional t (supongamos que t representa el tiempo), y una ventana xyz, como la caricatura del espacio tridimensional (altura, anchura y profundidad). He añadido una forma sombreada que puede imaginarse como una serpiente o como un trozo de caramelo enrollado, según sus preferencias. En cualquier caso, ha adoptado una forma de onda sinusoidal. Esto representa el concepto de espacio-tiempo. Su perspectiva como lector le ofrece la visión completa de todo lo que hay en el espacio-tiempo. Utilizando las gafas a., el espectador tiene una visión lateral de la estructura contenida en xyz. Utilizando las gafas b. se obtiene una estrecha vista superior del objeto.

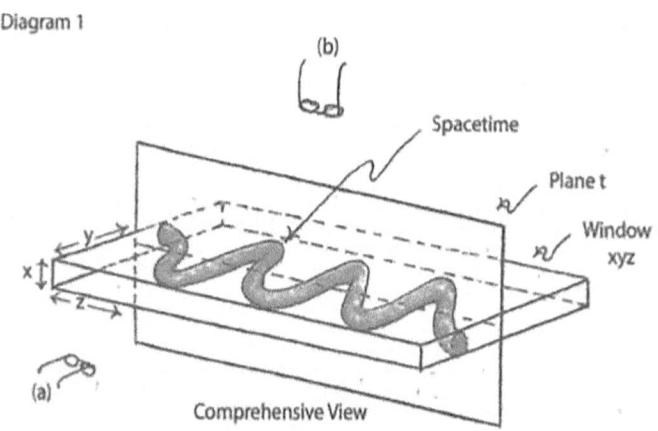

Diagram 1

(b)

Spacetime

Plane t

Window xyz

x

y

z

(a)

Comprehensive View

En el diagrama 2 podemos observar el aspecto del espacio-tiempo desde estos dos puntos de vista. Visto a través de xyz, marcado (a.), parecería ondulado. Sin embargo, podría ser difícil determinar con certeza si es redondo o plano en la cara visible. La visión con gafas b es intrínsecamente difícil de realizar. Dado que estamos viendo el plano de canto, aparece como una estructura unidimensional. Por supuesto, un objeto unidimensional no puede verse realmente. Para verlo, necesitaríamos una segunda dimensión que le diera cierta amplitud, ¡así que hice trampa!

Habiendo recurrido a esta violación del concepto de planos, el espectador que ahora utiliza las gafas (a.) tiene una impresión moderadamente diferente de lo que está viendo, en comparación con la que obtiene de la vista marcada (b.). De hecho, este espectador ve algo que no parece asemejarse débilmente a ninguna de las visiones precedentes. No hay nada continuo, sólo guiones de aspecto homogéneo y espaciados uniformemente. Las tres visiones, la de los lectores, (a.), y (b.), son precisas y válidas al mostrar lo que hay que ver desde esos puntos de vista, sin embargo las dos últimas están incompletas.

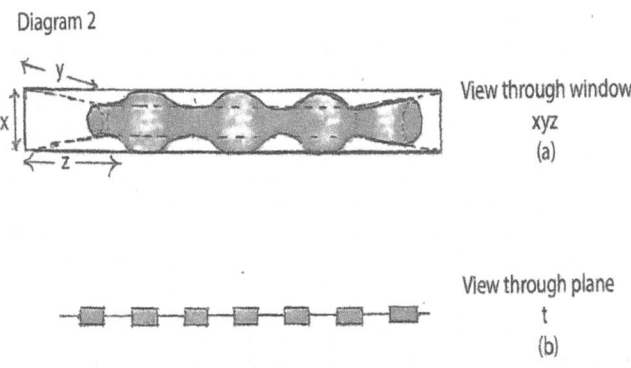

Diagram 2

View through window
xyz
(a)

View through plane
t
(b)

En conclusión, creo que desde la posición ventajosa de nuestra existencia aquí, bien podríamos estar viendo dos aspectos de un objeto singular y, no reconociéndolos como pertenecientes al mismo objeto. En su lugar, los estamos tomando como distintos, en lugar de intrínsecos el uno al otro. ¿Qué diferencia hay? Bueno, puede que tenga alguna relación con la hipótesis de la inflación de Alan Guth mencionada anteriormente, pero no es probable que cambie positivamente su cuenta bancaria o le consiga una cita el sábado por la noche. Dicho esto, puede que a algunos de ustedes, como a mí, les resulte edificante contemplar lo intrincada e interdependiente que es la relación entre el espacio y el tiempo. Lo tomo como testimonio de lo maravilloso y brillante que es el Dios que puso todo esto en su lugar En el principio.

Antes de pasar al siguiente tema general, quiero considerar la posibilidad de algo que intriga a mucha gente, los viajes en el tiempo. Es probable que su primera pregunta sea: ¿Es posible viajar en el tiempo?. A esta pregunta puedo dar una respuesta de definitivamente SÍ. No sólo es posible, sino que es absolutamente esencial. Tanto usted como yo estamos viajando en el tiempo en este preciso momento. Uno podría pensar que, después de toda la práctica que he acumulado durante las últimas siete décadas, ahora sería muy bueno en ello. Por desgracia, no es así. No, he aprendido que hay que pagar un precio por recorrer el tiempo, y mis articulaciones artríticas, el declive de mi oído y el espejo dan fe de ello.

Antes hemos hablado de cómo existe el paso variable del tiempo en función de la gravedad/velocidad y de la colocación de dos observadores. Sin embargo, creo que lo que a la mayoría de nosotros nos intriga es la habilidad de visitar el pasado. Me han dicho que las ecuaciones para el paso del tiempo funcionan bien tanto hacia delante como hacia atrás. Entonces, ¿no deberíamos ser capaces de volver atrás? Usted y yo vamos a hacer un viaje imaginario. Nos hemos reunido en su salón y su sofá favorito nos tiene cómodamente sentados. He traído mi máquina del tiempo portátil patentada para transportarnos y estamos listos. Hemos decidido que nos gustaría regresar exactamente un año a través del tiempo. Planeamos llegar a su salón y al sofá. La máquina ya está configurada y ¡partimos! Pero, ¿lo conseguimos?

El principal problema que veo aquí, y no parece depender de si acepta mi concepto del tiempo o el de otra persona, o el suyo propio, es que no vislumbro ninguna forma de viajar a través de esa única dimensión, el tiempo. Cualquier intento de viajar en el tiempo implica necesariamente un viaje simultáneo a través del espacio tridimensional. Puede que esté un poco confuso. Se preguntará que si estamos en la misma habitación y en el mismo sofá, ¿cómo nos hemos movido? Lo que no hemos tenido en cuenta es que mientras su casa está inmóvil sobre la Tierra, ésta ha estado girando a unos 1.000 km/h y moviéndose a unos 67.000 km/h alrededor del Sol, habiendo recorrido unos 584.000.000 de kilómetros el año anterior. Mientras tanto, el Sol ha estado en su viaje circular alrededor del centro de la Vía Láctea a 483.000 mph y ha recorrido unos 4.300 millones de millas. Por lo tanto, sin tener en cuenta siquiera el movimiento de nuestra galaxia en el universo, ese año ha sido testigo de cómo la Tierra se ha desplazado unos cinco mil millones (5.000.000.000) de millas desde su ubicación de hace un año. Se trata de un viaje muy largo. Dudo que sea factible, al menos hasta que dispongamos de un práctico motor warp. Eso quizá llegue a ser realidad algún día. Si le interesa, eche un vistazo a la propulsión warp de Alcubierre en Internet. Sin embargo, percibo un par de peligros potenciales en ese modo de transporte que no seguiré discutiendo aquí.

Quedan otros dos impedimentos. Habría que tomar medidas para intentar evitar regresar a través del tiempo al espacio que ocupa actualmente sólo para descubrir que, en el momento al que regresó, ese lugar ya estaba ocupado por otra cosa. Esto podría hacerse mejor en el espacio interestelar. Por último, que yo sepa, nadie ha encontrado ningún método para inducir ese fenómeno.

Pero, ¿qué ocurre con los cálculos de trabajo hacia delante y hacia atrás? Creo que es importante no hacer necesariamente de las matemáticas sinónimo de la entidad/evento descrito. Las matemáticas, y en particular la mecánica cuántica, son un maravilloso descriptor de lo que puede ocurrir, pero no son el acontecimiento real. Del mismo modo, puedo utilizar palabras para describir, o una foto para mostrar, una puesta de sol. Pero ninguno de esos métodos es lo mismo que presenciarlo personalmente.

La naturaleza del tiempo, junto con muchas otras preguntas como la composición de la materia oscura (que constituye alrededor del 23% del universo) ...y aún más misteriosa, la energía oscura (de la que se dice que constituye otro 73%[13] de la sustancia del universo)- las respuestas, probablemente tendrán que esperar a mi llegada al cielo. Me sentiré satisfecho de saberlo por fin. (Véase el Apéndice A, Tiempo, dimensiones y Dios: la perspectiva de un matemático).

Entonces, ¿por qué entrar en este detalle sobre los temas del tiempo y la energía? Mi motivo subyacente es animarle a reflexionar sobre las cosas que consideramos corrientes y a apreciar que la existencia es muy compleja y se rige por principios intrincados. Espero desarrollar más este concepto en el capítulo 7, Descubrir las verdades universales, y al hacerlo lograr una mayor apreciación de quién es Dios y por qué debe existir.

CAPÍTULO 4

COSMOLOGÍA: LA NECESIDAD DE UN CIELO NUEVO Y UNA TIERRA NUEVA

"Vi un cielo nuevo y una tierra nueva; porque el primer cielo y la primera tierra pasaron, y el mar ya no existía más." APOCALIPSIS 21:1

Mas nuestra ciudadanía está en los cielos.
FILIPENSES 3:20

Tras echar un vistazo a este planeta, cualquier visitante del espacio exterior diría: Quiero ver al manager.
WILLIAM S. BURROUGHS

A través del espacio el universo me abarca y me engulle como un átomo; a través del pensamiento comprendo el mundo.
BLAISE PASCAL

Una cálida y soleada tarde de verano estaba en casa trabajando en algún proyecto cuando sonó el timbre. Abrí la puerta y me encontré con dos hombres, ambos bien vestidos, uno de unos treinta años y el otro probablemente de unos setenta. Por los folletos que pude ver en sus manos, tenía una idea bastante aproximada de lo que me esperaba a continuación.

Tal y como había pensado, anunciaron que eran miembros de un grupo religioso concreto y que querían darme algo de literatura para que la leyera. Mientras yo titubeaba y pensaba para mis adentros que realmente debía instalar una de esas mirillas en la puerta para no verme atrapado en una situación así, el mayor, percibiendo mi indecisión, dijo las palabras mágicas: ¿Has pensado alguna vez cómo será el cielo?.

¡Aquello fue como lanzar un pez dorado a un gato hambriento! Le informé de que efectivamente había reflexionado (desde hacía varios años) sobre el tema. Entonces le pregunté: Entonces, ¿cómo crees que será el cielo?.

Me contestó con entusiasmo que estaba seguro de que iba a estar en el cielo y que, de hecho, el cielo estaba aquí mismo, en la tierra. Estaba deseando pasear eternamente por la pacífica tierra y contemplar las flores y el cielo y el océano y maravillarse ante la belleza de todo ello.

Contemplé su respuesta brevemente antes de responder. Un dicho de mi tío Bud se coló en mi conversación cuando le dije que aunque a corto plazo, unos cientos de millones de años, eso podría no ser tan malo, a largo plazo habría llevado a sus patos a un estanque pobre.

Entré en una breve explicación de la naturaleza de la Tierra y del sistema solar. Ahora bien, personalmente no me importa si alguien quiere creer en una tierra de siete mil años o en una mucho más antigua, siempre y cuando no intente hacer de esa creencia un trato de hacerlo o romperlo por conocer a Dios.

En cualquier caso, por las pruebas que nos proporciona la ciencia, parece que la Tierra tiene unos cuatro mil quinientos millones de años[1] y actualmente es un lugar muy agradable para vivir. De hecho, es el único lugar para vivir del que tenemos certeza. Pero por lo que estamos aprendiendo estudiando estrellas como nuestro sol, no está destinada a seguir así.

En los próximos mil millones de años aproximadamente, a medida que el sol siga convirtiendo su fuente de energía primaria, el hidrógeno, mediante una reacción termonuclear, en helio, aumentará su producción de energía hacia la Tierra en un 10% aproximadamente.[2] Eso significa más calor. Podemos esperar que en algún momento de los próximos 500 millones a 750 millones de años ocurran varias cosas devastadoras. Debido al aumento de la temperatura, la concentración de dióxido de carbono libre en la atmósfera disminuirá a medida que una mayor parte quede atrapada en los océanos en forma de carbonato cálcico.[3] En algún momento simplemente no habrá suficiente dióxido de carbono en el aire, y el 95% de las especies vegetales de la Tierra que dependen de él dejarán de existir.[4]

Por desgracia, las cosas se deterioran a partir de ahí. Relativamente poco después (geológicamente hablando), el aumento de la temperatura hará hervir los océanos de la Tierra,[5] dejando la Tierra como un lugar seco y caluroso. No servirá de mucho intentar observar las olas cuando los océanos se hayan evaporado. Le dije que no tendrá flores que mirar ni pájaros que ver cuando no haya agua. A medida que el sol sigue ardiendo, las cosas empeoran mucho. Dentro de unos cuatro mil millones de años, el sol habrá agotado la mayor parte del combustible de hidrógeno de su núcleo y pasará a quemar hidrógeno en su envoltura.

Le informé de que tal vez le convendría invertir en gafas oscuras y muchas cremas con factor de protección solar porque en su punto álgido el sol emitirá más de 2.500 veces[6] más luz que ahora y, sobre todo con la atmósfera terrestre que ha sido arrasada por el viento solar, ni siquiera el mejor día va a ser bueno.

Le eché un vistazo y observé que sus ojos empezaban a estar un poco vidriosos, quizá como lo están los suyos ahora mismo. Pero, en cualquier caso, seguí adelante. Nuestra estrella tiene actualmente un radio de unas 500.000 millas, pero cuando esté en pleno vigor como lo que se denomina una gigante roja, probablemente tendrá un radio superior a 100 millones de millas.[7]

Cualquiera que sepa que la Tierra se encuentra actualmente a 93 millones de millas del Sol puede empezar a ver el problema. En el mejor de los casos, si no es arrastrada hacia el sol por las fuerzas gravitatorias y las fuerzas de marea de la atmósfera solar, la superficie terrestre volverá a estar totalmente fundida. Nadar no será una opción.

No puedo evitar pensar en 2 Pedro 3:7 y 10: pero los cielos y la tierra que existen ahora, están reservados por la misma palabra, guardados para el fuego en el día del juicio y de la perdición de los hombres impíos... Pero el día del Señor vendrá como ladrón en la noche; en el cual los cielos pasarán con grande estruendo, y los elementos ardiendo serán deshechos, y la tierra y las obras que en ella hay serán quemadas.

Por supuesto, el sol no seguirá siendo una gigante roja para siempre. A medida que se agotan las capas exteriores de hidrógeno, más helio desciende al núcleo de la estrella. Es probable que la gigante roja se encoja algo durante un tiempo. La creciente masa de helio en el centro comenzará a calentarse debido a la contracción gravitatoria, y esto dará lugar a lo que se denomina un destello de helio.[8]

Para nuestros propósitos puede considerarse como el destello caliente cuando el sol efectúa el cambio de la edad media a la edad media tardía. Este destello de helio permite que el helio comience a fusionarse con el helio. Tras unos mil millones de años como gigante roja, el sol desprenderá sus capas externas. Cuando no quede suficiente helio que quemar (fusionar en carbono y oxígeno), colapsará hasta convertirse en lo que se denomina una enana blanca.

Piense en ella como una bola muy densa e intensamente brillante no mucho mayor que la Tierra pero con la mitad de la masa total de nuestro sol, aproximadamente 165.000 Tierras. Con esa masa y ese diámetro, tendrá una densidad de unas 32.000 libras por pulgada cúbica.[9]

Si este planeta consigue sobrevivir tanto tiempo, será esencialmente una ceniza quemada sin atmósfera, dando vueltas alrededor de una estrella enana lejana que ya no proporciona suficiente energía[10] para calentar la roca estéril que solía llamarse Tierra. Con el periodo cálido finalmente superado, las temperaturas de la superficie deberían establecerse ligeramente por encima de unos gélidos -459,67 grados Fahrenheit, o cero absoluto, como se denomina. Esa es aproximadamente la misma temperatura que la fría mirada que algún marido imberbe puede esperar de su cónyuge tras hacer un comentario despectivo sobre la cena que acaba de preparar.

Si pudiéramos visitar la Tierra en ese momento, nos parecería tan extraña que no podríamos reconocerla. Si queda algún tipo de atmósfera, sería irrespirable. No habría nada que ver, salvo una roca ennegrecida, y es probable que ninguno de los rasgos más notables de la Tierra, desde los océanos hasta el Himalaya, dejara restos significativos. No hay personas, animales, plantas, bacterias ni virus.

No hay pruebas de fronteras que formaran naciones ni de que existieran personas o que lucharan y murieran intentando reclamar a otra un lugar de arena y roca. Ni siquiera existirá un registro fósil que sugiera que esta roca carbonizada albergó alguna vez vida. La mayor parte de lo que queda es difícil de ver ya que la tierra está bañada por una noche perpetua e interminable. Incluso si mira al cielo, es probable que nada le resulte familiar. Es muy probable que la Luna no exista.[11]

La Vía Láctea se encuentra actualmente en curso de colisión con nuestra hermana mayor, la galaxia de Andrómeda. Esa colisión comienza dentro de unos cuatro mil millones de años y debería haber concluido dentro de seis mil o siete mil millones de años.[12] No espere que nuestras constelaciones le resulten ni remotamente familiares después de eso. El escritor del Eclesiastés estaba en lo cierto cuando escribió: Vanidad de vanidades, dijo el Predicador, todo es vanidad. (Eclesiastés 12:8).

Me di cuenta de que probablemente había arruinado algunas de sus imágenes idílicas, así que no me molesté en contarle el resto de la historia por miedo a deprimirle. En cualquier caso, los dos hombres me agradecieron mi tiempo y acabaron por no dejarme nada para leer. Les deseo buena suerte en su búsqueda del cielo.

Ahora, para aquellos de ustedes que quieran saber el resto de la historia del universo, tal y como lo entendemos actualmente, consideren tomarse un Prozac y sigan leyendo. Las cosas sólo empeoran. Es probable que nuestro sol haya legado a esta bola terrestre algunos estragos residuales por haber actuado como lo hizo. Es muy posible que los planetas exteriores como Júpiter y Saturno hayan sufrido la ebullición de sus voluminosas atmósferas, dejando sus núcleos rocosos.

Es probable que se produzca una desestabilización de las órbitas no sólo de los planetas, sino también de las cosas que están más allá, como los objetos que existen en la periferia de nuestro sistema solar en lo que se denomina la nube de Oort.[13] Esto puede provocar una lluvia de cuerpos celestes de tamaño considerable (cometas, asteroides) hacia la parte central de nuestro sistema solar, y eso significa un impacto potencial significativo.[14] Si combinamos esto con los cambios gravitatorios, las posibilidades de que la brasa de la Tierra que se está enfriando sobreviva son escasas.

Pero vayamos por otro camino para ver si hay alguna forma de evitar temporalmente esta catástrofe. Si nos trasladáramos a una de las lunas de Júpiter cuando el sol esté en fase de gigante roja, podría existir la posibilidad de tener una vida templada durante un tiempo. Ya sabemos que allí hay vastas reservas de agua disponibles,[15] pero aun así tendría que enfrentarse al gran frío que vendría después.

¿Y si nos volviéramos muy avanzados tecnológicamente e hiciéramos algo verdaderamente radical? ¿Y si fuéramos capaces de trasladar la Tierra a una estrella diferente, una que fuera mucho más estable? Si nuestro sol tiene una vida útil de unos 11.000 millones de años desde su creación hasta que se convierte en una enana blanca,[16] podríamos considerar su traslado a una órbita alrededor de lo que se denomina una enana roja.

Enana roja. Eso suena como una persona diminuta que por casualidad llega un día antes a los climas más soleados del sur en la playa de la tierra de Oz. Esto contrasta con una enana marrón (lo ha adivinado: se pasa todo el verano en la playa). Astronómicamente hablando, una enana marrón es esencialmente un gigante gaseoso (no, no es un político), es decir, un planeta como Júpiter o Saturno excepto que varias veces el tamaño de Júpiter.

La diferencia entre estos dos hermanos enanos es que el rojo tiene una masa de aproximadamente una décima parte de la del sol, y su hermano marrón una masa de poco menos de esa cantidad. Con ese tamaño, la marrón está justo por debajo de la masa y la gravedad que se necesitarían para causar la presión suficiente (aproximadamente 10.000 millones de veces nuestra presión atmosférica) y el calor en su núcleo (alrededor de 10 millones de grados Kelvin o 18 millones de grados Fahrenheit) para iniciar y mantener la fusión de átomos de hidrógeno para formar helio que impulsa la secuencia principal de las estrellas.

Rojo acaba de alcanzar ese umbral y se ha encendido en una combustión larga y lenta. Puede parecer paradójico pero, tristemente, al igual que muchas versiones de Hollywood, cuanto más grande es la estrella, más corta es su vida útil. Esto se debe simplemente a que las estrellas más grandes fusionarán más hidrógeno en helio (arderán más calientes) y agotarán su suministro de combustible primario mucho más rápido. Las enanas rojas no arden tan calientes como nuestro sol, pero pueden desprender una energía importante, y su gravitación es tal que podría ser posible llevar un planeta a una órbita estable a una distancia hospitalaria (zona habitable). A diferencia del sol, con una vida útil de 9.000 millones de años en fase principal, una enana roja tiene una vida media de probablemente más de 10 billones (10.000.000 millones) de años.[17]

Esta es una solución relativamente buena a corto plazo, e incluso se podría ir de enana en enana (algo así como Blancanieves) durante algún tiempo. Sin embargo, con el tiempo el universo dejará de fabricar enanas rojas y estrellas en general. Incluso si logramos encontrar el camino hasta la última estrella y deleitarnos con su luz menguante, nos aguarda un dilema final, del que no hay escapatoria.

Permítanme una breve digresión para sentar las bases de esta discusión. He tenido cierto interés por la astronomía desde que tengo uso de razón. Recuerdo haberme tumbado en el gran saco de dormir de mi padre en el patio trasero, entre mis dos hermanos mayores, una noche de verano. Crecí en Bend, Oregón, donde, en el lado este de las Cascadas, a 3.600 pies de altitud, uno puede esperar que haya heladas doce meses al año. No me importaba que me asignaran ese lugar tan poco deseado, entre mis dos hermanos, si me acordaba de ir al baño antes de que se instalaran para pasar la noche. De todos modos, mientras permanecía tumbado escuchando la respiración lenta y regular a ambos lados de mí, recuerdo el aire frío y crujiente de la noche sobre mi piel y el brillo de las estrellas. Recuerdo sentirme como si pudiera precipitarme hacia el cielo.

En el instituto no había astronomía. Las únicas estrellas que había estaban en los equipos de fútbol y baloncesto. Me bastó un trimestre en la universidad, después de haber asistido a una clase de arte, para llegar a la conclusión de que podría abstenerme de asistir a clases de materias que me gustaban por miedo a que perdieran su atractivo.

No fue hasta que terminé la carrera de medicina, mis prácticas y mi residencia y había estado ejerciendo durante varios años, cuando me sentí tentado a volver a plantearme la posibilidad de hacer algo más que leer revistas de astronomía y ciencia ficción. Por fin, me matriculé en una clase nocturna que se reunía una vez a la semana en un colegio comunitario local.

Tal vez fuera por no tener que considerar la presión de una nota. Tal vez fuera sólo que era una buena distracción de las tensiones de mi trabajo diario, pero encontré esta clase muy agradable.

Mientras estaba en esa clase, recuerdo que el profesor planteó la cuestión de si vivíamos en un universo abierto, plano o cerrado. Un universo abierto es aquel que, desde su inicio, se ha estado expandiendo y seguirá expandiéndose para siempre. Un universo plano es aquel que se expandirá sólo hasta cierto grado y luego se quedará sin energía, permaneciendo estable en su estado. Un universo cerrado es aquel que se expandirá pero que, en algún momento, se quedará sin energía expansiva y empezará a colapsarse bajo la influencia de la gravedad, cayendo finalmente en la antítesis del big bang, llamada big crunch.

Albert Einstein había llegado a la conclusión de que lo más probable era que el universo fuera abierto, pero no fue hasta los trabajos del astrónomo Edwin Hubble[18] (de quien procede el nombre del telescopio espacial Hubble) en el Monte Wilson cuando su creencia recibió cierto grado de confirmación. Hubble demostró que cuanto más lejos están las galaxias de nosotros, más rápido se alejan. Está fuera del alcance de este escrito discutir cómo se comprobó esto y el uso de lo que se denominan velas estándar y desplazamiento al rojo. Pero los conceptos son razonablemente sencillos.

Durante muchas décadas después de esa época, el debate versó sobre la velocidad de esta expansión, denominada constante de Hubble. Un valor de unos 70 km por segundo por megaparsec es el aceptado actualmente. Esto significa que por cada megaparsec (o

3,26 millones de años luz) que una galaxia se aleja de nosotros, se está acelerando a un ritmo de 70 kilómetros por segundo adicionales.

No fue hasta 1998 cuando se hizo un descubrimiento de lo más notable. Ahora parece que no sólo estamos en un universo abierto, ¡sino que el ritmo al que se expande el universo se está acelerando![19] Entonces, ¿la constante de Hubble va a seguir siendo una constante? Me parece que si bien la constante de Hubble es válida en la actualidad, a medida que avance el tiempo y continúe la aceleración del universo, el número de Hubble también tendrá que aumentar. Existen teorías que implican a la energía oscura en cuanto a la razón de esta aceleración. Pero en este momento, la base de este fenómeno está aparentemente más allá de la comprensión o de las conjeturas de cualquiera.

Ahora saltaré hacia delante unos meros 22.000 millones (22 x 10 a la 9) de años hasta la conclusión de este escenario de aceleración cosmológica. El resultado final de este proceso es que las fuerzas de esta aceleración desgarrarán, al principio, cúmulos de galaxias, luego galaxias, luego sistemas solares, luego planetas, luego elementos más pequeños, incluso hasta el nivel atómico y subatómico. Esto se denomina el big rip.[20] Si el universo sobreviviera a esto y siguiera acelerándose, a medida que la expansión universal se aproximara a los 186.000 kilómetros por segundo, ¿se detendría el tiempo?

Si el big rip no es correcto, existen otras teorías, como la del big freeze.[21] Después de 100 billones (10^{14}) de años todas las estrellas se han consumido. Sabemos que la materia se desintegra y en 10^{34} años no hay esencialmente nada más que una eternidad de un vacío frío e interminable sin luz ni sonido, sólo una débil radiación de fondo y partículas subatómicas que entran y salen de la existencia.

¿No es aburrido? El big crunch[22] implica que la expansión se ralentiza y todo vuelve a juntarse en un punto en los próximos 100.000 millones de años más o menos.

Todos los escenarios anteriores suponen que Dios simplemente deja correr el reloj y no juega su comodín de intervenir personalmente y mostrar la señal de fin del juego.

Por supuesto, Él tiene la opción y el poder de interceder como desee. Ciertamente, se pueden esgrimir buenos argumentos en este sentido, citando fuentes tanto del Antiguo como del Nuevo Testamento.

Isaías 65:17: Porque he aquí que yo crearé nuevos cielos y nueva tierra; y de lo primero no habrá memoria, ni más vendrá al pensamiento.

El libro del Apocalipsis tiene bastante que decir sobre los acontecimientos cosmológicos: El primer ángel tocó la trompeta, y hubo granizo y fuego mezclados con sangre, que fueron lanzados sobre la tierra; y la tercera parte de los árboles se quemó, y se quemó toda la hierba verde. El segundo ángel tocó la trompeta, y como una gran montaña ardiendo en fuego fue precipitada en el mar; y la tercera parte del mar se convirtió en sangre. Y murió la tercera parte de los seres vivientes que estaban en el mar, y la tercera parte de las naves fue destruida. El tercer ángel tocó la trompeta, y cayó del cielo una gran estrella, ardiendo como una antorcha, y cayó sobre la tercera parte de los ríos, y sobre las fuentes de las aguas. Y el nombre de la estrella es Ajenjo. Y la tercera parte de las aguas se convirtió en ajenjo; y muchos hombres murieron a causa de esas aguas, porque se hicieron amargas. El cuarto ángel tocó la trompeta, y fue herida la tercera parte del sol, y la tercera parte de la luna, y la tercera parte de las estrellas, para que se oscureciese la tercera parte de ellos, y no hubiese luz en la tercera parte del día, y asimismo de la noche. (8:7-12)

Al leer ese pasaje del Apocalipsis, ¿le vinieron a la mente visiones de asteroides cercanos a la Tierra o quizá de un cometa que se había aventurado cerca de un gran cuerpo planetario y se había fracturado en pedazos? En 1994, trozos de ese cuerpo celeste designado cometa Shoemaker-Levy llovieron sobre Júpiter durante un periodo de seis días. Algunos de esos impactos hicieron agujeros del tamaño de la Tierra en la atmósfera.[23] ¿Qué supone que ocurriría si un fragmento impactara en uno de los océanos de la Tierra y otro lo hiciera en tierra firme?

Apocalipsis 21:1-3 dice: Vi un cielo nuevo y una tierra nueva; porque el primer cielo y la primera tierra pasaron, y el mar ya no existía más. Y yo Juan vi la santa ciudad, la nueva Jerusalén, descender del cielo, de Dios, dispuesta como una esposa ataviada para su marido. Y oí una gran voz del cielo que decía: He aquí el tabernáculo de Dios con los hombres, y él morará con ellos; y ellos serán su pueblo, y Dios mismo estará con ellos como su Dios.

¿Esta destrucción futura se refiere implícitamente a todo el universo o simplemente a la tierra y sus alrededores? Puedo imaginarlo de ambas maneras. Dado que estamos esencialmente confinados a la tierra en un futuro previsible, poco importa. Como otras cuestiones no esenciales de la periferia del cristianismo, creo que es divertido especular sobre ello pero inútil discutirlo. Cuando lleguemos al cielo, entonces podremos decir: Bueno, tú tenías razón y yo estaba equivocado, o viceversa. Mi opinión es que una vez que hayamos llegado allí, no nos importará mucho ninguna de las dos cosas.

Me vienen a la mente las palabras de Oliver Hardy[24] a Stan Laurel[25]: Bueno, aquí tienes otro buen lío en el que nos has metido. Me temo que este mundo e incluso este universo no ofrecen un refugio duradero para ninguno de nosotros que quiera ser inmortal. Porque, ¿qué son siquiera 10 a 250 años en el ámbito de la eternidad?

Nada más que el principio mismo.

CAPÍTULO 5

SEXO

"Me mostrarás la senda de la vida; En tu presencia
hay plenitud de gozo; Delicias a tu diestra para
siempre."
SALMO 16:11

*Recuerdo la primera vez que tuve relaciones sexuales
—guardé el recibo.*
GROUCHO MARX

El sexo es emoción en movimiento.
MAE WEST

*El sexo sin amor es una experiencia sin sentido, pero en lo que
respecta a las experiencias sin sentido, es bastante buena.*
WOODY ALLEN

*Ser un símbolo sexual es una carga pesada de llevar,
especialmente cuando uno está cansado, herido y desconcertado.*
MARILYN MONROE

Sé que nada despierta más rápidamente la curiosidad que las cuatro letras anteriores, dadas en ese orden concreto, así que decidí ponerlas en mayúsculas para facilitar a la gente la búsqueda de este capítulo.

Como leyó en el capítulo sobre la perspectiva histórica del cielo, las creencias difieren entre las religiones y dentro de ellas sobre el papel que puede desempeñar el sexo en la otra vida. Aunque en ese capítulo insinué que hay buenas razones para dudar de que sea el punto central de la vida en el más allá, es considerado un aspecto importante de la existencia por suficientes personas como para considerar su lugar en lo eterno.

Creo que a menudo se percibe que la religión en general, y el cristianismo en particular, no sólo se oponen sino que incluso se horrorizan ante el concepto del sexo. Por supuesto, éste no es el caso. Si la perspectiva cristiana sobre el sexo difiere, es sólo con respecto a la importancia global que el sexo debe desempeñar en la propia vida y en el contexto de la relación con los demás.

Mientras que un verdadero hedonista[1] lo situaría, junto con la comida, la bebida y otras formas de placer, como el objetivo último de la vida, los cristianos deberíamos verlo como un pasatiempo útil y agradable para fomentar nuestras relaciones con nuestros cónyuges y, en última instancia, aprender más sobre Dios. El sexo fue una de mis primeras pistas de que Él podría tener sentido del humor. En lugar de rehuir el tema, los padres cristianos y no cristianos tenemos puntos en común al querer dar a nuestra propia descendencia lo que consideramos una perspectiva adecuada sobre el sexo. Y, al igual que todos los padres que intentan impartir esto a sus vástagos, a menudo no alcanzamos el 100% de éxito.

Una vez más me referiré a mi experiencia personal como padre. En una ocasión, en 1995 más o menos, mientras conducía de vuelta al valle de Willamette tras visitar a mi familia en Bend, Oregón, mi mujer se sentó a mi lado y parecía que nuestros cinco hijos estaban todos dormidos. Por aquel entonces, había cierto político de alto rango que acabaría demostrando que incluso un académico de Rhodes puede tropezar con cosas sencillas de la lengua inglesa. Su enigma particular vendría al intentar discernir cuál es la definición. Una voz surgió del asiento trasero de la furgoneta: Oye, papá, ¿cuánto de cerca tienes que dormir con una chica para que se quede embarazada?.

Mi precoz Michael de ocho años había atacado de nuevo. Ahora bien, siempre había tenido la intención de tener la charla con mis hijos, pero no había previsto intentar hacerlo gritando desde el asiento delantero al trasero, ni había previsto dársela a un niño de tercer curso. No obstante, el guante había sido abofeteado en mi mejilla. Le respondí: Hijo, ya sabes que es una gran pregunta. Pero ahora mismo estoy algo ocupado conduciendo y no te oigo muy bien, así que por qué no te acuerdas de esa pregunta y me la vuelves a hacer cuando lleguemos a casa.

Admito que probablemente estaba haciendo aquí un ejercicio de cobardía tanto como de prudencia y no me habría sentido en absoluto decepcionado si él se hubiera limitado a olvidar la pregunta durante al menos un par de años más. Tal no iba a ser el caso. Al llegar a casa, y con el resto de los niños acostados, se volvió a plantear la cuestión. Decidí que si iba a profundizar en este tema ahora, iba a ser una exploración a fondo de todo el asunto.

Procedí a lanzarme en lo que debieron de haber sido 20-25 minutos de anatomía, fisiología, el concepto del amor, la moralidad y las consecuencias del sexo. Estuvo muy atento. Cuando por fin quedé satisfecho con mi respuesta a su pregunta, me sentí bastante satisfecho y me di una palmadita en la espalda, pensando que todo padre debería tener una charla tan exhaustiva con sus hijos. No queriendo dejar ninguna zona gris, le pregunté si tenía alguna pregunta.

Se quedó parado un segundo y luego respondió: Bueno, sí. ¿Cómo lo haces?

Le dije: Michael, ¿qué quieres decir? Acabo de pasarme la última media hora diciéndote cómo se hace.

No, no, me refiero a si te acercas a una chica y le bajas los pantalones o qué.

Tomando mi desinflado ego del suelo y recordando algunos artículos de prensa recientes, respondí: No, hijo. No te acercas y le bajas los pantalones sin más. A menos que seas el presidente o por lo menos un senador.

Estoy muy seguro de que a Satanás le gustaría atribuirse el mérito del sexo. Sin embargo, el sexo no es un invento suyo, sino de Dios.[2, 3] Fue concebido para ser extremadamente placentero y no sólo para ser utilizado para la procreación, aunque probablemente

Él sí tuvo en cuenta el factor placer cuando planeó conseguir que la gente se reprodujera en primer lugar.

Como dijo mi hijo David a la edad prepuberal de 11 años, cuando por fin le dieron la charla: Antes de esto pensaba que algún día podría casarme de verdad. Estaba equivocado. Besar a la chica es sólo la segunda cosa más asquerosa. Ahora, a los 33 años, casado y con dos hijos, confío en que haya sido capaz de superar su reticencia inicial.

Más allá del placer físico, se pretende dar una garantía de espíritu, una garantía de compromiso, una forma de unir a una pareja en una relación especial. No voy a espiritualizar demasiado las cosas aquí, pero creo que se pretendía que hubiera algo místico en esta unión. Dudo que Dios hubiera dedicado un libro entero de la Biblia (Cantar de los Cantares) esencialmente al sexo sin una buena razón.

Aunque todas estas son razones válidas para la existencia del sexo, no creo que estén bien representadas en el mundo en general. Vemos cómo se utiliza el sexo como arma de influencia o poder, como forma de abuso, como recreo, como justificación para hacer daño a los demás y, sobre todo, como herramienta de marketing para vender cualquier cosa, desde las obvias revistas hasta automóviles. ¿Ha habido alguna portada de Cosmopolitan en los últimos 30 años que no tuviera escrito sexo en alguna parte? ¿Tiene Victoria algún secreto más?

¡Este coche es sexy! ¿En serio? Oye, bonito juego de escapes tienes ahí, bebé. Supongo que podría utilizarse legítimamente para algo que imite la forma humana, pero ¿utilizarlo para vender cerveza? ¿Quién se siente, al menos inicialmente, atraído por una persona porque tiene la forma de una lata o incluso de una botella de cerveza?

Por supuesto, tanto si el argumento de venta es para alcohol, perfumes, ropa o coches, el mensaje no tan subliminal es que si compra y utiliza este producto, tiene más probabilidades de echar un polvo. Dios nos diseñó para que pudiéramos tener sexo en primer lugar. Recintió mucho en darnos una forma no sólo de reproducirnos, sino también de obtener placer. La cuestión es que Él quería que fuera en las mejores circunstancias, donde no hubiera preocupación de contraer enfermedades, ni culpa, ni sentimientos heridos, ni miedo a tener hijos no deseados. Cuando los hijos son el resultado, Él quiso que se criaran en una atmósfera estable y amorosa en la que los padres estuvieran comprometidos el uno con el otro y con esos hijos. Teniendo esto en cuenta, ¿debemos esperar que pueda haber sexo más allá de esta vida? Para dilucidar por qué puede existir o no en ese reino, necesitamos saber un poco más sobre lo que hace que el sexo sea sexy.

A riesgo de hacer este tema un poco aburrido, creo que una mirada superficial a la bioquímica y la neuroanatomía del sexo y el placer puede arrojar algo de luz sobre este tema. He oído decir que el 90% del sexo tiene lugar de cejas para arriba. Esa es, fisiológicamente hablando, una afirmación aparentemente válida. Así que, recurriendo a mis raíces médicas, apunto algunos datos.[4]

Gran sorpresa, el cerebro es un órgano increíblemente complejo en estructura, función e interacción. Lo que presento aquí está enormemente simplificado y, por tanto, a un nivel en el que puedo entenderlo mejor.

La porción del cerebro que estoy discutiendo aquí se considera mejor como la parte que generalmente se denomina el centro del placer. Está encapsulado en su mayor parte en lo que se conoce como sistema límbico, que está asentado en lo más profundo del cerebro y se cree que es la fuente de esos impulsos que ayudan a garantizar la supervivencia del individuo y, por tanto, de la especie. Ayuda a mediar en cosas como los estímulos alimentarios, la memoria, la emoción, la motivación y el comportamiento sexual.

Los focos o núcleos primarios, como se les denomina, están situados en el hipocampo, la amígdala, el hipotálamo, el núcleo accumbens, el área tegmental ventral y otras estructuras. Su función está influida por las hormonas y el resto del sistema nervioso.

Por ejemplo, si una mujer posmenopáusica acude quejándose de falta de libido y no hay contraindicaciones, el médico podría plantearse recetarle una dosis baja de testosterona. He atendido a varias esposas (¡y sus maridos!) que me han dado su entusiasta ¡Gracias! después de probar esto.

Sin embargo, no somos esclavos totales de nuestras hormonas. Nuestra corteza cerebral, esa parte del cerebro donde residen el intelecto y la razón, puede anular o modificar la estimulación del sistema límbico. Aprender a activar este controlador es uno de los principales retos de convertirse en adulto y comienza en la adolescencia.

Recuerdo que en una ocasión, viajaba en el coche con mis hermanos y mi padre (por aquel entonces) de setenta y cinco años. Mi hermano mayor comentó que había estado leyendo algo y que había habido algunas investigaciones que demostraban que los humanos solían tener épocas en las que, como los babuinos, entraban en celo. Pop comentó que recordaba cuando le ocurrió esto a él. Figuró que entonces tenía unos 13 años y que aún estaba esperando a que terminara.

Las porciones del sistema límbico están conectadas estructuralmente por lo que se denomina el haz mediano del cerebro anterior, y la principal sustancia química utilizada para transmitir señales a lo largo de este haz es la dopamina. Es decir, la dopamina se utiliza para pasar las señales de un nervio al siguiente en la unión entre los nervios. La estimulación de las estructuras de este sistema se asocia a un aumento de la cantidad de dopamina liberada o a un cambio en el tiempo que se permite que la dopamina permanezca en la unión antes de ser eliminada, terminando así la señal. La activación de esta zona provoca una sensación de bienestar, disminución de la ansiedad, satisfacción y, por supuesto, placer. La alteración de cualquiera de estas estructuras puede tener un impacto significativo en el resto del sistema.

El núcleo accumbens es especialmente importante en la medida en que parece ser el principal sitio objetivo de las drogas de abuso, que tienen el efecto común final de aumentar la cantidad de estimulación de dopamina en las uniones nerviosas. Otros neurotransmisores como la serotonina, el GABA y los opiáceos endógenos (endorfinas) también influyen en este sistema de forma positiva o negativa. Ah, y esa primera taza de café por la mañana para ponerse en marcha, ¿adivina qué efecto tiene la cafeína en el sistema? Sí, lo ha adivinado, un aumento de la dopamina.

Se han realizado estudios en los que se colocan electrodos en el núcleo accumbens. Al animal de experimentación, normalmente una rata (aunque estoy seguro de que se ha considerado la posibilidad de utilizar otros modelos animales que carecen de una función cerebral superior, como los varones adolescentes) se le da una forma de iniciar la autoestimulación accionando estos electrodos. Es decir, se configura un sistema en el que el sujeto puede provocar la estimulación empujando una palanca.

Como ya se ha mencionado, esta parte del cerebro fue diseñada para ayudar a garantizar la supervivencia. Sin embargo, los animales se estimularán a ellos mismos hasta el punto de renunciar a la comida y al agua hasta el punto de morirse de hambre. No se tarda mucho en observar imágenes de personas que se han vuelto adictas al crack para reconocer resultados similares en los humanos que se someten a esa droga.

Si examinamos lo que se sabe que ocurre en el cerebro en el momento del orgasmo, descubriremos que se produce una inundación repentina de una gran variedad de neurotransmisores, como la norepinefrina, la oxitocina, la vasopresina, el óxido nítrico, la prolactina y nuestra vieja amiga, la serotonina. Por supuesto, los niveles de dopamina se disparan y, con suerte, todos pasamos un buen rato.

La oxitocina y la vasopresina intervienen en el sentimiento de apego social en el apareamiento humano. La prolactina es interesante porque está asociada a la sensación de satisfacción sexual. También es la principal responsable de la somnolencia postcoital (después del sexo). Es la misma hormona responsable de la producción de leche materna. Su producción aumenta con la estimulación del pecho. ¿Alguna mamá se ha quedado dormida alguna vez mientras daba el pecho? Probablemente tenía buenas razones para estar cansada de todos modos, pero ésta era su gorra nocturna.

Curiosamente, la prolactina y la dopamina son mutuamente antagónicas. La prolactina provoca el periodo refractario tras el orgasmo.

Como un matrimonio, durante un desacuerdo, tienden a contrarrestarse mutuamente. Ya puedo oír su conversación. Buen momento dice la dopamina (Dopey), "Vamos, bebé, ¿qué te parece si lo hacemos otra vez?". La prolactina no tarda en responder: ¡Otra vez no! No me apetece y estoy demasiado cansada.

Bien, se acabaron la anatomía y la fisiología aburridas. Bueno, quizá un poco más. Por supuesto, no sabemos exactamente lo que implica nuestro estado de resurrección con respecto a nuestra constitución física.

Aunque no creo que Isaías 40:31 (pero los que esperan a Jehová tendrán nuevas fuerzas; levantarán alas como las águilas; correrán, y no se cansarán; caminarán, y no se fatigarán.) y 65:25 (El lobo y el cordero serán apacentados juntos, y el león comerá paja como el buey; y el polvo será el alimento de la serpiente. No afligirán, ni harán mal en todo mi santo monte, dijo Jehová.) deban tomarse necesariamente al pie de la letra, creo que sí apuntan al hecho de que probablemente habrá cambios fundamentales en nuestra fisiología y apetitos.

Es posible que esto incluya también nuestros deseos sexuales. Es concebible que el sexo tal y como lo conocemos acabe siendo un *non sequitur*. Por razones en las que espero profundizar cuando hable de los aspectos interpersonales de la existencia en el cielo, tengo buenas razones para sospechar que todas nuestras relaciones allí van a ser mucho más profundas que cualquiera de las que experimentamos actualmente en la tierra, incluido el matrimonio.

Dada nuestra nueva naturaleza, que exploraré en mayor profundidad en los capítulos siguientes, si hay sexo en el cielo, será muy superior a cualquiera experimentado aquí. Si me equivocara en esta suposición, entonces conjeturaría que es sólo porque el sexo sería sustituido por otra cosa mucho más grandiosa, placentera y, en general, agradable.

Como he dicho antes, Dios es quien ideó el sexo en primer lugar y lo hizo tan deseable como es. Cualquiera que deje pasar la oportunidad de ir al cielo haciendo del sexo mundano su dios está, de nuevo como diría mi colorido tío, llevando a sus patos al peor estanque posible. ¿Quién demonios cree que ideó la disfunción eréctil, la anorgasmia, las enfermedades venéreas y el aborto? Si realmente quiere lo último en pasatiempos placenteros, ¡puede ir directamente al cielo!

CAPÍTULO 6

HABILIDADES ESPECIALES Y SENTIDOS SENSACIONALES

"Luego nosotros los que vivimos, los que hayamos quedado, seremos arrebatados juntamente con ellos en las nubes para recibir al Señor en el aire, y así estaremos siempre con el Señor."
1 TESALONICENSES 4:17

Si dijere: Ciertamente las tinieblas me encubrirán; Aun la noche resplandecerá alrededor de mí. Aun las tinieblas no encubren de ti, Y la noche resplandece como el día; Lo mismo te son las tinieblas que la luz.
SALMO 139:11-12

A medida que avanzamos en la vida, aprendemos los límites de nuestras habilidades.
HENRY FORD

Todo nuestro conocimiento comienza con los sentidos, procede después al entendimiento y termina con la razón. No hay nada más elevado que la razón.
IMMANUEL KANT

Si se pregunta a la gente qué cree que será divertido hacer

en el cielo, la mayoría menciona tener habilidades especiales. Probablemente, la nueva capacidad con la que personalmente más fantaseo es la de volar. Recuerdo cuando era un niño de unos tres años salir una calurosa tarde de verano y tumbarme en la hierba del jardín delantero, contento con mirar fijamente el cielo azul profundo. Recuerdo haber visto lo que más tarde aprendería que era una estela de contras (condensación) de un avión a reacción mientras viajaba de norte a sur a través de aquel suave y brillante océano de zafiro. Creo que desde entonces nunca he perdido el deseo de volar.

En los viejos tiempos, cuando la televisión era nueva y las tres emisoras daban el pistoletazo de salida a última hora de la tarde, recuerdo un vídeo que solían poner justo antes de que apareciera el patrón de prueba para dar por concluida oficialmente la jornada de emisión.

Este clip de uno o dos minutos mostraba un caza a reacción que se abría paso entre las nubes mientras sonaba una música suave de fondo. A continuación, una voz profunda y melodiosa recitaba un poema de John Gillespie Magee Jr.1 titulado Alto vuelo. Fue el primer poema que aprendí a recitar que no fuera una canción infantil. Todos estos años después todavía resuena en mi memoria:

> *¡Oh! me he desprendido de las hurañas garantías de la tierra y*
> *he bailado por el cielo sobre risueñas alas plateadas;*
> *Hacia el sol he trepado y me he unido a la alegría tumultuosa*
> *De nubes divididas por el sol y he hecho cien cosas*
> *Que usted no ha soñado*
> *Girado y remontado y balanceado alto en el silencio iluminado*
> *por el sol.*
> *He perseguido al viento chillón y he lanzado mi ansiosa nave a*
> *través de pasillos de aire sin pies.*
> *Arriba, arriba el largo y delirante azul ardiente*
> *He coronado las alturas barridas por el viento con fácil gracia,*
> *Donde nunca voló la alondra ni siquiera el águila;*
> *Y, mientras con mente silenciosa y de elevación he hollado la*
> *santidad no traspasada del espacio Extendí mi mano y toqué el*
> *rostro de Dios.*

Cuando estaba en la universidad, llegué a tomar clases en tierra e incluso hice y aprobé mi examen de la FAA. Por desgracia, mi impecable estado nunca me permitió tomar clases de vuelo, así que creo que mi primer contacto real con el vuelo tendrá que ser en el cielo. De todos modos, será mucho más divertido sin un avión.

Siempre me he imaginado deslizándome sin esfuerzo sobre el viento cálido en un estado de dicha total hacia el sol poniente. Podría hacerlo durante mucho tiempo, pero ya sé que no podría hacerlo para siempre. No, con el tiempo me habría acostumbrado demasiado a la brisa fresca en mi cara, al sol desplegando su gama de matices. Además, probablemente me entraría hambre y necesitaría hacer una pausa para ir al baño. No querría que sobrevolara el cielo cuando necesitara hacerlo.

Aunque estoy seguro de que otras habilidades especiales también serían entretenidas durante un buen rato (si Dios puede darme la habilidad de volar, ¡quizá pueda hacer algo aún más milagroso y darme un swing de golf decente!), con el tiempo la más emocionante de las circunstancias puede volverse aburrida. Va a hacer falta algo más, más allá de que yo sea más o menos como soy pero con algunas nuevas habilidades especiales. Quizá se pueda hacer algo para potenciar las habilidades que poseo actualmente.

Un gran impedimento que constato en nuestra habilidad para evitar el tedio de lo intemporal es la naturaleza limitada de nuestros sentidos. Para tratar de poner alguna escala a la magnitud de nuestra dolencia, reflexionemos primero sobre nuestra vista, que es uno de nuestros sentidos más agudos. La visión es la habilidad para percibir la radiación electromagnética en una gama de longitudes de onda.

A efectos prácticos, nuestra visión se limita al ancho de banda que se extiende desde 3.8×10^{-7} al 7.40×10^{-7} metros.[2] Estas longitudes de onda nos darán nuestra paleta de colores: rojo, naranja, amarillo, verde, azul, índigo y violeta.

Consideremos ahora la amplitud total del espectro electromagnético, que abarca desde las ondas de radio, donde cada onda tiene 1000 metros (10 campos de fútbol) de longitud, hasta los rayos gamma a 0,000000000001 metros, es decir, la billonésima parte de un metro. A modo de comparación, desde la Tierra hasta el Sol hay 1,35 billones de metros. Si tomamos un metro y lo reducimos en una cantidad proporcional, eso debería proporcionarnos una idea de la escala implicada.

Así, observamos que nuestra habilidad para absorber la información visible disponible asciende sólo al 0,0000000000001 por ciento del potencial. Ahora imagínese las nuevas perspectivas que nos esperan cuando todo esto se haga visible para nosotros. Me atrevería a adivinar que cuando el salmista escribió el salmo citado anteriormente, aunque creía firmemente en lo que estaba escribiendo, habría tenido dificultades para conceptualizar cómo sería posible algo así.

Durante los últimos cien años, hemos sido obsequiados con una visión de la veracidad de tal afirmación. Hoy no nos estremecemos al pensar en las imágenes infrarrojas, pues me atrevo a decir que la mayoría de nosotros las hemos visto impresas en revistas o reproducidas en televisión. Tal vez haya adquirido (sin grandes gastos) un dispositivo con el que puede hacerlo usted mismo: unos prismáticos de visión nocturna.

Si examinamos la información de que disponemos en nuestras numerosas páginas web científicas, encontraremos imágenes tomadas en longitudes de onda que van desde las ondas de radio hasta los espectros ultravioleta o de rayos X. Los científicos perfeccionan constantemente las imágenes tomadas en la radiación cósmica de microondas de fondo.3,4 Estas imágenes muestran los residuos de un acontecimiento que parece haber tenido lugar hace unos 13.800 millones de años, la creación del universo.

Así pues, nos hemos ocupado del espectro de luz potencial para nosotros. Aún no hemos tocado el otro aspecto de la vista, la agudeza visual. En pocas palabras, se trata de la agudeza con la que podemos ver un objeto a distancia, de cerca o de lejos, de extremadamente grande a extremadamente pequeño.

Como humanos hemos fijado una agudeza visual estándar de normalidad en 20/20. Si usted tiene esta agudeza visual, significa que a una distancia de 6 metros puede ver lo que es normal que un humano vea a esa distancia. Si es hipermétrope, puede tener 20/15, o incluso 20/10; es decir, puede ver a 6 metros lo que una persona normal puede ver a 5 o 6 metros. Si tiene miopía, puede tener una agudeza visual de 20/40 o 20/60 o más. En estos casos, usted vería a 20 pies lo que una persona normal vería a 40 pies o 60 pies.

Una definición médica actualmente aceptada de ceguera es una agudeza visual inferior a 20/200. Cuando conocí a mi futura esposa, su agudeza visual era supuestamente de 20/800 sin utilizar lentes de contacto. Como puede suponer, nunca dejé que se pusiera las lentillas hasta después de casarnos. Ya no podía decirle: Oh, sí, querida, me parezco a Tom Selleck.

Consideremos ahora lo que hay disponible en el mundo animal. Piense en la última vez que tomó un vuelo comercial. Cuando estaba en las alturas, ¿cuánta suerte tendría intentando ver una casa individual o incluso un campo de fútbol?

Reflexionemos ahora sobre el buitre común. No es algo en lo que suela pensar en el contexto de impresionante, ¿verdad? Sin embargo, su retina (la membrana receptora de luz que recubre el interior del fondo del ojo) contiene un millón de fotorreceptores por milímetro cuadrado.

Además, la lente del ojo es el tipo de cosa que haría que la buena gente de Canon se pusiera verde de envidia. Con esa combinación, se dice que esta ave puede ver a un pequeño roedor desde una altura de ¡quince mil pies![5]

Se podría argumentar que Dios se entusiasmó demasiado o que simplemente estaba presumiendo cuando diseñó esta estructura. Es decir, cuando usted estaba en ese vuelo en avión, ¿recuerda haber mirado por la ventanilla y haber visto algún buitre volando por ahí?

Teniendo en cuenta que a esa altitud la presión atmosférica es aproximadamente la mitad que a nivel del mar[6] y la temperatura es unos 30 grados centígrados (54 grados Fahrenheit) más fría que la temperatura a nivel del suelo[7], la criatura debería ser fácil de detectar. Basta con buscar un pájaro de gran tamaño que lleva un jersey sin mangas hecho a medida, bate las alas a un ritmo frenético, lleva una pequeña máscara de oxígeno y todo el tiempo mira fijamente al suelo, probablemente piensa para sí mismo que la vida habría sido mucho más sencilla si hubiera salido del cascarón de un canario. En cualquier caso, el hecho de que esta ave tenga la capacidad de esa agudeza a esa distancia es realmente notable.

Mirando más allá del modelo animal, tenemos el logro tecnológico actual de los telescopios. Dios ha dotado al hombre de un ingenio increíble, y su fruto es realmente maravilloso. El telescopio espacial Hubble se puso en órbita en 1990. Este notable instrumento ha revolucionado la astronomía al situarse fuera de la influencia de la atmósfera terrestre. La atmósfera, con sus torbellinos y corrientes, es lo que hace que las estrellas parezcan titilar. Si observara el cielo desde el transbordador espacial, no vería ningún centelleo de las estrellas.

El HST tiene un espejo primario de unos dos metros y medio de diámetro. Cuando hablamos de telescopios, ya no utilizamos el término agudeza y en su lugar empleamos el término resolución. Éste se refiere a la habilidad del telescopio para distinguir a distancia dos objetos como separados entre sí. Se dice que el Hubble tiene una resolución de 0,05 segundos de arco en longitudes de onda ópticas. Es probable que esta cifra no signifique mucho para usted, a menos que sea un versado en astronomía. Otra forma de decirlo es que tiene la capacidad de distinguir entre dos luciérnagas situadas a un metro de distancia desde una distancia de 5.000 km.[8] Están llegando telescopios orbitales más grandes como el telescopio espacial James Webb. Se dice que este telescopio es capaz de detectar la firma infrarroja de una abeja a una distancia de la Tierra a la Luna.

Si reconocemos que nuestras habilidades visuales son limitadas, nuestros otros sentidos rozan lo patético. La audición, nuestra habilidad para percibir el sonido, es nuestra capacidad para registrar ondas sonoras de diferentes frecuencias e intensidades. Más concretamente, es la percepción del movimiento de las moléculas.

En nuestra experiencia, esto tiene lugar la mayor parte del tiempo en el aire, pero también en otras sustancias como el agua o el metal. Estas moléculas son puestas en movimiento por alguna fuerza que en sí misma está vibrando. El movimiento de las moléculas en el objeto imparte entonces esta energía al medio circundante, como el aire, chocando contra ellas. Esos átomos chocan entonces con el siguiente átomo de la fila, y el ciclo se repite, del mismo modo que el movimiento de la locomotora de un tren se transmite secuencialmente a los vagones siguientes. Dado que el objeto original vibra de un lado a otro, ejercerá primero más presión (positiva) durante la excursión hacia el exterior de la vibración, seguida de menos presión (negativa) durante la excursión hacia el interior.

Esto configura patrones de presión que son ondas. Como ocurre con las ondas de un estanque, el patrón se irradia desde el punto de origen. Una mayor energía producirá un movimiento más violento, causando ondas más grandes que percibimos como sonoras. Al haber más energía, ésta puede viajar más lejos antes de disiparse.

Cuanto más rápida sea la vibración, mayor será la frecuencia (rapidez) con la que se producen las ondas, que oiremos con un tono más alto. Estas vibraciones pueden transmitirse a diferentes velocidades, dependiendo del medio por el que viajen. En el aire a nivel del mar, esperamos que la velocidad sea del orden de 1.125 pies por segundo.[9]

En el agua, debido a la mayor densidad de la sustancia conductora, esta velocidad de propagación aumenta a unos 4.750 pies por segundo.[10] En el acero, el sonido viajará a unos 20.000 pies por segundo.[11] Por supuesto, esta energía vibratoria no significaría nada para nosotros si no poseyéramos algún medio con el que sentirla.

Oídos: todo el mundo parece tenerlos. Pero, salvo el impulso ocasional de adornarlas con colgantes y adornos, no solemos prestarles mucha atención, hasta que empiezan a funcionar mal. Merecen un grado de respeto mucho mayor.

Cuando las ondas de presión entran en el canal auditivo, se encuentran con una fina capa de tejido conocida como membrana timpánica o tímpano. Este tejido es hecho vibrar por las ondas sucesivas. Ese movimiento se transmite a tres pequeños huesos que encajan entre sí y transmiten la energía a una cavidad llena de líquido donde éste se pone en movimiento, de nuevo en forma de ondas. Éstas estimulan entonces las terminaciones nerviosas que recubren esta cavidad y la información se transmite al cerebro, donde la interpretamos como sonido.

Al igual que ocurre con la visión, nuestra habilidad para percibir el sonido tiene limitaciones definidas, con un rango que va desde unos 20 ciclos por segundo hasta 20.000 ciclos por segundo.[12]

Esto es respetable, pero no explica el fenómeno de los sonidos que inexplicablemente desaparecen y, al hacerlo, causan no pocas consecuencias. (Considere al desventurado varón que con toda honestidad figura: Pero querida, no te he oído decir que bajara de nuevo la tapa del váter).

Seguramente, nuestro compañero mamífero el delfín, con su rango acústico de 20 a 150.000 ciclos por segundo,[13] no está sujeto a este mismo defecto. Señoras, si quieren evitar toda posibilidad de encontrarse con la trampa del váter, les animo a que consideren la posibilidad de casarse con un delfín.

Una de nuestras facultades peor representadas es el olfato. Desde que era pequeño, me dijeron que los perros tienen un olfato increíble. La cantidad de su cerebro dedicada a esta función empequeñece la que poseen los humanos, incluso sin tener en cuenta la diferencia de tamaño del cerebro humano y el del perro.

De hecho, se dice que la habilidad canina para detectar aromas puede ser hasta diez millones de veces más aguda que la nuestra.[14] (Por mi parte, me cuesta creerlo. Gracias a mi sentido de la vista relativamente dotado, ¡he tenido ocasión de ver dónde suelen colocar la nariz los perros! Incluso con mis minusválidas habilidades para detectar aromas, no hay forma de que sometiera a sabiendas mi probóscide a un entorno tan odorífero).

Si la habilidad del mejor amigo del hombre para percibir las moléculas del aire es prodigiosa, la de la polilla del gusano de seda es francamente asombrosa. Esta diminuta criatura puede detectar feromonas (hormonas sexuales) en concentraciones tan bajas como una molécula por cada diez cuatrillones de moléculas de aire. Esto le permite oler a una posible compañera hasta a 11 kilómetros de distancia.[15]

Sin embargo, toda habilidad tiene un inconveniente potencial. Imagínese a nuestro bienintencionado amigo el Sr. Polilla buscando a su compañera del alma cuando detecta el más leve indicio de ella en la brisa pasajera del verano. Instantáneamente sabe que el amor de su vida existe y que debe encontrarla.

Dejando a un lado todas las demás prioridades, se pone en marcha, dando vueltas al principio, para ver si puede detectar algún aumento de esta poción de amor en una u otra dirección. Por fin, tiene su rumbo y se pone en marcha. Sin prestar atención a los peligros de los pájaros merodeadores, la oscuridad reinante y el viento en contra, lucha por encontrar a su único y verdadero amor. Sus alas baten brazada tras brazada, hora tras hora, el olor de ella cada vez más fuerte e inundando ahora sus receptores químicos con su misma esencia.

Finalmente, casi totalmente agotado, una buena parte de su vida gastada en su apasionada búsqueda, la divisa y se prepara para los últimos metros, sólo para descubrir que, dada la distancia a la que las feromonas fueron transportadas por ese mismo viento en contra con el que tuvo que luchar todo el camino de vuelta, ¡ella es ahora la madre de 253 crías y la abuela de 63.250 más!

Hay otros sentidos asombrosos, como el de la víbora de pozo, capaz de detectar cambios de temperatura del orden de 0,002 grados centígrados,[16] o el de los escorpiones, capaz de detectar un flujo de aire tan bajo como 0,047 millas por hora.[17] Luego hay habilidades de las que prácticamente no tenemos experiencia personal, como la detección de campos eléctricos, campos magnéticos y la gravedad (aparte de constatar que cada año es más difícil levantarse de la cama).

Imaginemos que ahora, en nuestro estado celestial, estamos en posesión de todas estas capacidades pero en un grado sin precedentes incluso en los ejemplos anteriores. Seguramente eso nos abriría reinos por explorar que nos mantendrían ocupados durante muchos, muchos años. Pero, ¿qué son muchos, muchos años en el ámbito de la eternidad, aparte de solo el principio? Entonces, nos damos cuenta de que necesitamos algo más para escapar de la trampa del aburrimiento. ¿Pero qué? Quizá la respuesta no esté solo en los datos que somos capaces de detectar, sino en lo que somos capaces de hacer con esa información una vez que es nuestra para procesarla.

Para ayudar a conceptualizar lo que quiero decir, consideremos el caso de la abeja celestial. En el cielo, a este notable insecto himenóptero se le han concedido todas las mencionadas mejoras. Con sus sentidos y habilidades aumentados, puede ver una sola flor a diez millas de distancia y puede oler el néctar a siete millas. Puede volar a una velocidad increíble y puede producir más miel en un día de la que una colmena terrestre podría producir en un año.

Ahí va ahora, surcando el aire a velocidad supersónica hasta una flor a ocho millas de distancia y luego de vuelta a la colmena totalmente cargada con el Tesoro de la miel incipiente. Todo esto es impresionante, pero hay algunas cosas de las que la abeja, aun siendo abeja, es totalmente inconsciente. No se da cuenta de que está teniendo lugar un increíble amanecer, y de que para llegar a esa flor que acaba de visitar, ha cruzado el Gran Cañón.

Aunque tiene un oído fenomenal, no tiene ningún concepto de la música, e incluso si puede haber estado expuesta en algún momento a la Suite del Gran Cañón de Ferde Grofé,[18] no tiene ni idea de la grandeza del Movimiento del Amanecer. De este modo, la abeja celestial no llega a percibir más que lo mínimo de lo que está ahí para ser experimentado y apreciado.

Esta sería como la experiencia que tendríamos nosotros, si no nos transmutáramos en seres capaces de tener una perspectiva verdaderamente celestial. ¿Qué tipo de principios subyacentes sobre la creación y qué cambios fundamentales en nosotros regirían nuestro potencial para darnos cuenta plenamente de lo que estamos encontrando? Estos son los temas de fondo que exploraremos en el capítulo 7.

CAPÍTULO 7

DESCUBRIENDO LAS VERDADES UNIVERSALES

"Porque lo insensato de Dios es más sabio que los hombres, y lo débil de Dios es más fuerte que los hombres".
1 CORINTIOS 1:25

Nada existe excepto los átomos y el espacio vacío; todo lo demás es opinión.
DEMOCRITUS

Una pregunta prudente es la mitad de la sabiduría.
FRANCIS BACON

El que dedica dieciséis horas diarias al estudio arduo puede llegar a ser tan sabio a los sesenta como se creía a los veinte.
MARY WILSON LITTLE

A primera vista, nuestro universo puede parecer un lugar bastante simple y ordinario. Desde nuestra perspectiva, las cosas existen como sólidas o líquidas, calientes o frías, cercanas o lejanas, duras o blandas, etcétera.

Por desgracia, esto tiene mucho más que ver con nuestras limitadas capacidades de percepción que con lo que ocurre en realidad. La base de -de hecho el objetivo de- la ciencia de observar y explicar nuestro mundo y cómo y por qué funciona como lo hace. Una vez obtenido algún concepto de lo que ocurre, la siguiente tarea es utilizar esta información y aprovechar este nuevo recurso para alguna aplicación y obtener más conocimientos. Los humanos han estado en esta tarea durante varios miles de años. Muchas de las mentes más brillantes de la historia se han dedicado a este empeño.

Ptolomeo[1] utilizó cálculos aritméticos basados en la observación para predecir los movimientos futuros de los planetas y las fechas de los eclipses. En un vídeo que vi una vez sobre Leonardo da Vinci[2] se figuraba que de niño observó ondulaciones que emanaban de un punto en el que se arrojaba una roca al estanque y postuló la existencia de ondas sonoras. También realizó estudios de anatomía, mecánica y vuelo.

Isaac Newton[3] coinventó una nueva rama de las matemáticas llamada cálculo, que utilizó para corregir los errores del modelo ptolemaico. Einstein[4] nos trajo la equivalencia de la materia y la energía ($E = mc^2$). Nos dijo que el tiempo no es una constante sino que depende del movimiento del observador y de lo observado y será diferente (aunque exacto) para cada uno de ellos.

Aun así, a pesar de la brillantez de sus esfuerzos combinados, todavía estamos muy lejos de explicar la naturaleza de lo que conforma esta existencia.

A cualquiera de ustedes que se haya puesto a pensar al leer el capítulo sobre la naturaleza del tiempo y el DVD, puede que se le haya ocurrido una idea: Me dijeron que *Yo no estaba en la película, pero luego aparecí y finalmente volví a desaparecer. Bueno, eso es cierto para mi imagen, pero el yo real no es esa imagen. El yo esencial es, de hecho, los datos digitales que grabó en el disco que proyecta el reproductor.*

Tiene razón, y en esta analogía, ese trozo indeleble de usted en el disco se correlaciona con esa parte de usted llamada su alma. Quizá le interese saber que no somos los primeros en llegar a la conclusión de que lo que experimentamos aquí puede no ser la realidad última. De hecho, fue teorizado hace varios miles de años por Platón. Formuló una hipótesis sobre algo que hoy en día la gente trata de comprender mediante la mecánica cuántica.

La analogía de la caverna de Platón[5] aparece en una parte de su obra conocida como La República.[6] Aunque generalmente se la considera un tratado político, limitarla a ese ámbito sería divorciar el escrito de la perspectiva que Platón tenía de la vida, la del filósofo.[7]

El contraste entre la realidad última y el mundo tal como aparece a los sentidos es, por supuesto, familiar en filosofía y ya lo era en tiempos de Platón. Parménides había contrastado la realidad y la apariencia, y Demócrito, contemporáneo de Platón, desde un punto de vista muy diferente, consideraba que el mundo revelado por los sentidos sólo tenía una realidad secundaria en comparación con las realidades últimas, los átomos y el vacío.[8]

La República se presenta como una conversación ficticia entre el hermano de Platón, Glaucón, y el maestro de Platón, Sócrates. En esta conversación, Sócrates plantea un escenario que describe cómo se puede inducir a la gente a creer que lo que de hecho es una ilusión es en sí mismo realidad. Describe un escenario en el que las personas han estado prisioneras en una caverna desde que tenían edad suficiente para empezar a formar recuerdos.

Están encadenados de tal forma que sus brazos, piernas y cabezas están inmóviles. Así, sólo pueden contemplar lo que tienen directamente delante. Detrás de los prisioneros hay una pasarela elevada y, más atrás, una enorme hoguera resplandeciente.

Cuando la gente pasa por encima de la pasarela, sus sombras se proyectan en la pared vigilada por los prisioneros. Si esas personas llevan objetos, la sombra que proyectan se incorpora a su sombra en la pared. Hay sonido en forma de ecos procedentes de la pasarela.

Como las sombras y los ecos son la única experiencia que han conocido los encadenados, creen que tanto las sombras que emanan de los objetos reales como los reflejos de los sonidos reales son la realidad misma.

En este escenario, probablemente habría algunas personas más hábiles para interpretar las sombras y los sonidos. Podrían ser capaces de adivinar mejor qué sonido estaría asociado a una sombra concreta, o qué sombra podría preceder o seguir a otra. Probablemente serían reconocidos por sus compañeros cavernícolas como conocedores de la verdadera naturaleza del mundo. Nadie concebiría que lo que estaban observando no es en absoluto el mundo real. Tampoco comprenderían la verdadera naturaleza de la realidad.

El argumento considera el resultado en caso de que uno de los prisioneros fuera liberado para experimentar el mundo y las dificultades que encontraría al intentar explicar su experiencia al regresar a la cueva.

Quizá esté pensando: Bueno, desde luego no estamos en ninguna cueva. Ya sabemos lo que es la realidad. Si cree que ya lo sabe, consideremos una sola faceta de nuestra existencia, el tamaño. ¿Cómo de grande es lo grande, y dónde encajaríamos nosotros en ese esquema? Le animo a que adivine en qué lugar está usted en relación con el resto del universo.

Cuando hablamos de tamaño, necesitamos utilizar algún incremento definido de medida. En lugar de utilizar términos lingüísticos como nano, que sumado al metro (nanómetro) significa la milmillonésima parte de un metro, utilicemos la notación científica, un concepto sencillo en el que la adición o sustracción de un cero delante o detrás de un número denota un cambio de diez veces. Por ejemplo, $10^0 = 1$, $10^1 = 10$, $10^2 = 100$, $10^3 = 1000$. Conversely, $10^{-1} =$

0.1, $10^{-2} = 0.01$, $10^{-3} = 0.001$ y así sucesivamente. Así, podemos considerar ese pequeño número (llamado superíndice) que aparece encima y detrás del número principal como el número de ceros que hay antes (en el caso del superíndice negativo) o después (en el caso del superíndice positivo) del 1. Por ejemplo, la mayoría de los humanos miden entre 1,5 y 1,8 metros o 1.5 a 1.8 x 10^0 metros de altura. Yo diría que una media de unos 1,6 metros. Un campo de fútbol mide unos 100 o 10^2 metros de longitud. Utilizando este formato, un año luz (la distancia que recorrerá la luz a 186.000 millas por segundo en el transcurso de un año) es 5.879.000.000.000.000 o 5,879 x 10^{12} millas que se convierten en 9.46 x 10^{15} metros. Se cree que el universo observable (27.400 millones de años luz) más el universo actualmente inobservable, suman aproximadamente 93.000 millones de años luz o 8.8 x 10^{26} metros de diámetro. Vaya, con 1,6 metros me siento excepcionalmente pequeño y perdido en el universo en estos momentos. 10^{-2} metros se denomina centímetro o 1/100 metros y es aproximadamente la anchura de la uña del pulgar.

Mi segunda sugerencia sería que en el extremo pequeño, siguiera encogiéndose hasta alcanzar lo que se acepta como la longitud más pequeña alcanzable en este universo (llamada longitud de Planck). Este valor fue derivado por el físico teórico alemán Max Planck, utilizando tres constantes: la velocidad de la luz en el vacío, la constante gravitatoria de Newton y la constante de Planck. Se calcula que es 1.6×10^{-35} metros. ¿Cómo de pequeño es eso? Empecemos por un átomo. Los átomos son unas 100.000 veces más pequeños de lo que podemos observar sin aumento. Imagine que se encuentra en una nave espacial que órbita alrededor de la Tierra. Mientras mira hacia abajo está buscando la estructura más pequeña que puede ver con su visión sin ayuda. Hay un diminuto punto rojo en medio del desierto del Sahara. Ese punto es una esfera con un diámetro de unas 7 millas. Un átomo en comparación con esa esfera tendría el tamaño de una pelota de softball. A continuación, comparamos una longitud de Planck con ese átomo. Si queremos construir una línea de longitudes de Planck que abarque el diámetro de ese átomo colocándolas punta con punta a un ritmo de una longitud de Planck por segundo, tardaremos 4.352×10^{24} segundos o unas 10.000.000 veces la edad actual del universo (**10^7 x 13.800 millones de años x 365 días/año x 24 horas/día x 60 minutos/hora x 60 segundos/ minuto) para lograr nuestro objetivo. ¡Eso sí que es minúsculo!**

En toda la variación de tamaños del universo, ¿dónde encajamos nosotros? Al ir del más grande al más pequeño vemos que tenemos una diferencia de 62 órdenes de magnitud (10^{26} a 10^{-35}). Es decir, ha habido un cambio de tamaño de 10 veces que se ha producido 62 veces. Así, un cambio de 31 órdenes de magnitud desde cualquiera de los extremos nos situará en la mitad de la escala. Así, sumando 31 órdenes de magnitud al extremo pequeño de -35 se obtiene un punto medio de 10^{-4} metros. Así pues, ¡con 1,6 metros de altura seguimos siendo 10.000 veces más grandes que el punto medio! ¡Choca esos cinco! ¡Dios ha hecho un gran esfuerzo por usted! Él es el Dios del universo y de las longitudes de Planck. Esperemos que su idea de en qué consiste la realidad se haya llevado una sacudida.

¿Por qué saco esto a colación? Todos estamos familiarizados con las cuatro dimensiones por las que navegamos: altura, anchura, profundidad y tiempo. Pero suponga que le dijera que podrían existir al menos otras siete dimensiones que no experimentamos personalmente.[9] ¿Me tomaría por loco o por un iluso?

Que existan dimensiones más allá de lo que experimentamos no debería sorprendernos como cristianos. ¿Acaso no se nos dice que estalló la guerra en el cielo (Apocalipsis 12:7) y porque en él fueron creadas todas las cosas: las que están en los cielos y las que están en la tierra, las visibles y las invisibles (Colosenses 1:16)? Si nuestras almas sobreviven a nuestra propia muerte física, deben existir en algo distinto de lo que experimentamos actualmente. De hecho, deberíamos defender la polidimensionalidad, porque sin ella nuestras creencias fundamentales no serían posibles.

La mecánica cuántica es una poderosa herramienta matemática dedicada a sondear los confines del reino oculto de las propiedades fundamentales de la energía. Ha ayudado a los científicos a hacer predicciones que han conducido a inventos tan maravillosos como el teléfono móvil y la televisión de plasma. Trata directamente del comportamiento de la existencia en el ámbito sub, sub, subatómico y de cómo eso dicta lo que vemos en la mayor de todas las escalas, el universo visible. También ha empujado a los astrofísicos a considerar la posibilidad de conceptos como la teoría de cuerdas,[10] las supercuerdas[11] y la supersimetría.[12] Se requieren dimensiones extra al menos para las dos últimas.

La física cuántica se introdujo como estudio por primera vez en 1900, cuando Max Planck[13] propuso el concepto de que la energía electromagnética se compone de paquetes discretos llamados quanta. La teoría subyacente mantiene que el universo surgió de una forma solitaria de energía. Si intentara explicar este concepto a alguien sin formación científica, podría decir algo pegadizo pero conciso como: Hágase la luz.

Si pudiéramos combinar la relatividad general de Einstein que describe la gran escala del universo con la mecánica cuántica para describir los aspectos ultramicroscópicos de la existencia, tendríamos la mejor herramienta para explorar cómo todo en el universo se deriva de esa energía. Como he mencionado antes, Einstein nos aportó una ecuación mediante la cual podemos equiparar la masa y la energía y demostrar que ambas son lo mismo, diferenciándose sólo en la forma.

Otro hombre brillante llamado James Clerk Maxwell[14] derivó ecuaciones para describir un concepto planteado por primera vez por Michael Faraday,[15] mostrando que la energía eléctrica y el magnetismo eran igualmente manifestaciones equivalentes -aunque diferentes- de la misma cosa.

Otra de las fuerzas fundamentales de las leyes de la física se denomina fuerza nuclear débil. Esta fuerza opera justo dentro del propio núcleo y gobierna la desintegración radiactiva y dicta gran parte de cómo se produce la propia fusión.[16] En la década de 1970 los teóricos lograron combinarla con el electromagnetismo, mostrando de nuevo un tipo de equivalencia y denominándola fuerza electrodébil.

La fuerza nuclear fuerte es aquella que permite la formación de átomos con más de un protón. Es decir, permite la formulación de los elementos más allá del hidrógeno. Sin esta fuerza, los protones (cada uno con una carga positiva) se repelerían cada vez que se acercaran.[17]

Si fuéramos capaces de combinar esta fuerza con la fuerza electrodébil, habríamos logrado lo que se denomina una gran teoría unificada. Hasta ahora esto no ha sido posible. La teoría de la fuerza gravitatoria (posiblemente gravitones) ha sido el otro caso atípico en cuanto a su integración con las demás formas de energía. La unificación de todas las fuerzas da lugar a lo que se denomina la teoría del todo. Yo prefiero llamarla la gran teoría del todo de Dios, o la gran TOE de Dios.

La teoría figura que todo debe derivar de una única fuente, y eso incluye la gravedad, toda la materia (incluida la materia oscura), toda la energía (incluida la energía oscura), el tiempo y el propio espacio vacío. Eso significa que todos son una manifestación latente de esa energía primigenia. Por lo tanto, debería existir un factor de equivalencia para convertir la energía en fuerza gravitatoria.

Que la energía se manifieste como espacio vacío es aún más complicado de lo que parece. Un conocido cercano que habla con fluidez el dialecto de las matemáticas lo explica así: Si se refiere al vacío, tenga en cuenta que, según el principio de incertidumbre de Heisenberg, las partículas de cualquier tipo pueden emerger del vacío siempre que vuelvan a emerger en el vacío antes de que haya transcurrido el tiempo de incertidumbre. Como dijo un físico, 'el vacío es un plénum'"[18]. O, como creo entenderlo, el espacio vacío no está realmente vacío. Reflexionemos un poco más sobre ese vacío. Resulta que la energía, que yo entiendo como esa fuerza necesaria para crear y mantener la dimensionalidad vacía, a veces llamada energía del vacío o energía de punto cero, es enorme. De hecho, se ha calculado que si uno fuera capaz de liberar la energía del vacío del tamaño de un tarro de mayonesa, ¡podría hacer hervir los océanos de la Tierra en 3 segundos! Que esta energía pudiera y siguiera teniendo la capacidad de cambiar de forma, como ocurrió en el escenario de la creación, no debería sorprendernos mucho. El último sueño de la teoría cuántica es poder derivar fórmulas que muestren cómo cada manifestación de nuestro universo físico puede derivarse de una forma primigenia de energía.

El hecho de que existan ecuaciones que muestren las relaciones entre la masa, la energía, la electricidad y el magnetismo, la fuerza nuclear débil y el electromagnetismo (y probablemente otras fórmulas que unifiquen las fuerzas restantes) es testimonio de que el universo no es aleatorio, sino que está exquisitamente y con precisión armado y es complejo en sus funciones. ¿Con qué precisión?

En primer lugar, la densidad media de materia en el universo al principio tiene que estar dentro de 1 parte en 10^{60} de la llamada densidad crítica que delimita los universos que están abiertos (se expanden para siempre) de los que están cerrados (vuelven a colapsar hasta un big crunch). Si la densidad es inferior a esta cantidad, entonces el universo se expandirá demasiado rápido para que las galaxias y las estrellas puedan formarse. Si es mayor, entonces todo el universo volverá a colapsar bajo la gravedad en unos pocos meses. En cualquier caso, tendrá un universo aburrido sin posibilidad de vida. Una precisión de 1 parte en 10^{60} es la necesaria para apuntar con una pistola a una moneda situada a 14.000 millones de años luz en el extremo opuesto del universo ¡y acertarle!"[19] Existen aproximadamente otros 80 requisitos de precisión similares que contribuyen a hacer de nuestro universo un lugar funcional en el que existir. Otro astrofísico lo expresó de esta manera. Las probabilidades de que este universo exista por casualidad son aproximadamente las mismas que las de tomar una red para mariposas, dar un golpe a ciegas y capturar el ÚNICO electrón rojo de este universo.

¿Cuáles son las implicaciones? Imagínese lo siguiente. Se encuentra en un programa de juegos llamado Hagamos un trato. Monty Hall (búsquelo si no sabe quién era) le está entrevistando. Usted está poniendo en juego no sólo lo que ha acumulado en su programa, sino también los ahorros de toda su vida. Si elige correctamente, no tendrá que volver a preocuparse por su capacidad para tener todo lo que desea. Si se equivoca, le esperan la pobreza y la miseria sin fin. Hay dos puertas (no tres como en el programa de televisión) para elegir y DEBE jugar, DEBE elegir una de ellas. La puerta número uno está etiquetada: Dios no existe. La puerta número dos está etiquetada, Dios existe. Monty señala la puerta número uno y dice: Las probabilidades de que ésta sea la puerta correcta a elegir son las mismas que las de encontrar ese único electrón rojo en el universo. A continuación, hace un gesto hacia la puerta número dos. No puedo demostrarle que ésta sea una opción mejor, afirma, pero puedo asegurarle que las probabilidades son mayores que cero Y si elige la puerta número uno, está en efecto figurando que cree que las probabilidades de que la puerta número dos sea la correcta son MENORES que las probabilidades que le he citado para la puerta número uno. Además, UNA de las dos ES la respuesta CORRECTA. ¿Qué elección racional haría usted? En cuanto a mí: ¡Eh, Monty, dame la puerta número DOS!.

Una vez oí a un astrofísico muy conocido afirmar que tal vez el universo fuera el resultado de una fluctuación cuántica, aceptando esencialmente la puerta número uno como su elección. Al hacerlo, se postula que nuestro universo, entre infinitos multiversos (no hay pruebas de que existan otros universos), resultó ser el que superó las probabilidades anteriores. Comprendo que los científicos tienen la obligación de intentar explicar las cosas a un nivel racional en lugar de atribuirlas a Dios sin más investigación. Sin embargo, creo que hay un punto en el que la negación de la evidencia de Dios se vuelve irracional. Analicemos de nuevo la afirmación del astrofísico de que la creación es una cuestión de fluctuación cuántica.

Veo tres problemas importantes que no creo que él haya tenido en cuenta. El primero es que, dado que estas fluctuaciones se producen en el ámbito del espacio vacío, ¿cómo podría producirse una cuando NO hay espacio, es decir, no hay dimensionalidad, que es la condición previa a la creación? En segundo lugar, parece haber errado al no considerar que el tiempo mismo es una construcción de este universo, es decir, un resultado de esa energía y no habría llegado a existir sin la energía primigenia. Si el tiempo no existe, entonces no veo ninguna forma razonable de que se produzca una fluctuación, que implica un cambio a lo largo del tiempo. Por último, ¿fluctuación cuántica en qué exactamente? Puesto que está hablando de la aparición y desaparición de partículas, y sabemos que materia y energía son equivalentes a partir de $E=mc^2$, debemos suponer que se refiere a la fluctuación cuántica en la energía presente. Sin embargo, dado que esa energía primigenia no existe hasta la creación, no existe nada en lo que haya fluctuación. Así pues, la fluctuación cuántica parece igualmente intrínseca a este universo. Si entonces recurre a un espacio y/o tiempo y/o energía preexistentes, entonces volvemos al punto de partida al tener algo de lo que no tenemos pruebas ni explicación científica.

Sino que lo necio del mundo escogió Dios, para avergonzar a los sabios; y lo débil del mundo escogió Dios, para avergonzar a lo fuerte; y lo vil del mundo y lo menospreciado escogió Dios, y lo que no es, para deshacer lo que es, a fin de que nadie se jacte en su presencia. (1 Corintios 1:27- 29).

Albert Einstein, Max Planck y Edwin Hubble. Muchos de nosotros estamos al menos familiarizados con estos nombres, que son algunas de las mentes más brillantes y premios Nobel de la ciencia. Pero probablemente la mayoría de ustedes no estén familiarizados con nombres como Leslie Lemke, Kim Peek o Alonzo Clemons. Estos individuos y otros como ellos me impresionan por ser pruebas del otro extremo del espectro intelectual de las verdades básicas e inmutables que impregnan el universo y la naturaleza de la existencia. Me refiero al espectáculo de lo que se conoce como síndrome del savant. Este fenómeno fue descrito por primera vez en 1887 por John Langdon Down, quien también documentó las características de lo que más tarde se denominó síndrome de Down.[20] Describió el savantismo como una afección en la que algunos individuos con anomalías en el desarrollo cerebral -por lo demás considerados retrasados en sus capacidades- pueden mostrar habilidades profundas dentro de un espectro muy limitado. Originalmente se conocía como el síndrome del sabio *idiota* (del francés learned idiot).

No sé si los sujetos que estudió se ajustaban realmente a la definición médica del término *idiota* (cociente intelectual inferior a 25),[21] o si lo utilizaba de forma más genérica para alguien de inteligencia inferior a la media. En cualquier caso, el término está pasado de moda, ya que muchos savants tienen coeficientes intelectuales muy superiores y se acercan a la normalidad. La aberración del desarrollo más común asociada al savantismo es el autismo. Se dice que hasta 1 de cada 10 autistas puede manifestar algunas habilidades inusuales y alrededor del 50% de los savants son autistas.[22]

Estos individuos, aunque generalmente se les considera discapacitados, han recibido una visión especial de una porción muy limitada (pero profundamente profunda) de un principio básico sobre el que se asienta la realidad. Algunas de estas capacidades podemos relacionarlas de algún modo, como un talento musical o una prodigiosa proeza de memoria. Algunos savants pueden manifestar una habilidad artística ejemplar, como la capacidad de esculpir o pintar con todo detalle tras sólo echar un vistazo momentáneo a un tema.

Algunos tienen habilidades que parecen no tener ningún sentido para nosotros. Un savant puede ser capaz de figurar el día de la semana asociado a cualquier fecha -incluso hasta varios miles de años en el pasado o en el futuro y teniendo en cuenta los años bisiestos- pero estar desprovisto de cualquier habilidad matemática hasta el punto de no poder hacer ni la suma más básica.

Aunque ha habido muchas personas que han sido clasificadas como savants con dotes musicales, la primera de la que recuerdo haber oído hablar, y el único que he presenciado en persona, es un hombre llamado Leslie Lemke. Leslie nació en Milwaukee, Wisconsin, en 1952. Nació prematuro y se observó que presentaba daños cerebrales desde el principio, incluso carecía de reflejo de succión. Debido al desarrollo de un glaucoma, le extirparon quirúrgicamente los ojos antes de que cumpliera seis meses.

Estaba destinado a padecer una forma grave de parálisis cerebral. Al ser dado el niño en adopción por sus padres, un funcionario del hospital hizo una llamada a una antigua enfermera que había criado a cinco hijos propios y le preguntó si se haría cargo de él hasta su inminente muerte. Ella aceptó hacerse cargo del niño pero juró que no moriría. May Lemke tomaba pequeñas cantidades de comida y se la introducía suavemente y la empujaba por la parte posterior de la garganta para mantenerle. Le colocaba un chupete en la boca y luego hacía ruidos de succión con su propia boca cerca de su oreja para que él respondiera del mismo modo. De este modo, pudo enseñarle a succionar. Aproximadamente cuando tenía un año, había aprendido esta habilidad y entonces pudo alimentarse con biberón. Al año siguiente fue capaz de masticar la comida.

Leslie nunca emitió ningún sonido y no se movía espontáneamente. La Sra. Lemke pasaba horas sosteniéndole, cantándole y orando por él. No podía sentarse por sí mismo y había que atarlo a una silla. Cuando tenía ocho años y aún no podía mantenerse en pie, la Sra. Lemke y su marido idearon una forma de atar a Leslie a ella con los brazos alrededor de su cintura.

Durante los tres años siguientes, ella lo sacaba al patio y caminaba arrastrándolo detrás. Su marido lo llevaba al lago cercano en verano y lo movía arriba y abajo en el agua con la esperanza de estimular alguna respuesta de pie. Cuando tenía 11 años, colocaron una valla de alambre con el propósito de enseñarle a ponerse de pie. Ella le apoyaba contra ésta. A los 12 años por fin consiguió ponerse de pie. Pasarían otros tres años antes de que finalmente empezara a andar.

La Sra. Lemke ponía música con frecuencia en la casa, aunque Leslie no daba muestras de escucharla.[23] En un momento dado, observó que estaba punteando una cuerda y se le ocurrió que tal vez le gustaba la música. Ella y su marido compraron un piano de 250 dólares. Ella tomaba a Leslie y pulsaba algunas de las teclas o presionaba sus dedos sobre, notas individuales.

Una noche, cuando Leslie tenía unos 16 años, la familia había visto (Leslie obviamente no) y oído (Leslie sí) una película en la televisión. May Lemke se despertó hacia las 3 de la madrugada del día siguiente con el sonido de la música en la oscura casa. Despertó a su marido para preguntarle si había dejado la televisión encendida, y él le dijo que no.

Al recorrer la casa sin luz, descubrió que el sonido no procedía del salón, sino del dormitorio donde guardaban el piano. En aquella habitación escasamente iluminada, fue testigo de lo que cualquiera calificaría de milagro. Allí estaba Leslie, que luchaba por alimentarse (y que yo sepa, nunca pudo utilizar cubiertos porque no podía sostenerlos), sentada al piano tocando perfectamente el tema musical de la película que todos habían oído. Era el Concierto para piano n°. 1.[24, 25]

Aproximadamente un año después de empezar a tocar, Leslie empezó a cantar, y al cabo de otro año cantaba con seguridad, entonando con su voz a quienquiera que hubiera oído interpretar la melodía, desde Louis Armstrong hasta Al Jolson. Pasarían otros ocho años antes de que empezara a hablar. Una vez que Leslie escucha una melodía, aparentemente permanece en su repertorio indefinidamente.

Hay más en la historia, e invito al lector a ver el vídeo de su historia y actuaciones.

Para los que ven películas de vez en cuando, quizá recuerden una escena que, según tengo entendido, se basó en un incidente real, en la película Rain Man.[26] En esta parte de la película, una caja de palillos cae al suelo y el sabio, interpretado por Dustin Hoffman,[27] echa un vistazo a la maraña de palillos y dice: 82, 82, 82. A lo que otro personaje responde que hay muchos más de 82 palillos en el montón, sin comprender que el sabio ve el revoltijo como si consistiera en tres montones distintos de 82 objetos cada uno. El total de 246 palillos derramados se verifica más tarde. La persona a la que Hoffman dedicó tiempo para conocer cómo podría actuar un savant fue Kim Peek.

Peek nació en 1951. Tenía retrasos en el desarrollo, entre ellos no pudo andar hasta los cuatro años. Parte de ello puede haberse debido a alguna anomalía cerebral congénita en la que a las dos mitades del cerebro les falta su conexión principal entre sí, lo que se denomina cuerpo calloso. Esto le proporcionó al menos una habilidad interesante: ser capaz de leer dos páginas de un libro al mismo tiempo; una página con cada ojo.[28]

Al igual que el savant retratado en la película, Peek tenía una memoria prodigiosa con información sobre fechas musicales, geografía y otras áreas. (Desconozco las estadísticas de accidentes aéreos, pero no dudaría de que también las conocía). Podía recordar de memoria y de forma concisa el contenido de al menos 12.000 libros, a pesar de tener un coeficiente intelectual algo inferior a la media, 87 (la media es 100).[29] Como en el caso de Lemke, hay más sobre su historia que el lector podrá explorar a su antojo.

Para mi último ejemplo de habilidades fenomenales, me refiero a Daniel Tammet. Este joven tiene el diagnóstico de autismo y sufrió convulsiones recurrentes de pequeño. Es altamente funcional, especialmente en el ámbito de los idiomas y las matemáticas. En el momento de mi investigación, hablaba al parecer once idiomas. Uno de ellos es el islandés, una lengua difícil de dominar. Llegó a hablarlo con fluidez en una semana.

Saltó a la palestra pública mientras recaudaba fondos para la Sociedad Nacional contra la Epilepsia recitando pi de memoria con 22.514 decimales.[30] Lo que más me fascina de este joven es lo siguiente: Los números, según Daniel, son especiales para él. Tiene una rara forma de sinestesia y ve cada número entero hasta 10.000 como si tuviera sus propias formas, colores, texturas y sensaciones únicas. Puede ver el resultado de un cálculo matemático y puede sentir si un número es primo. Desde entonces, Daniel ha dibujado el aspecto de pi: un paisaje ondulado lleno de formas y colores diferentes.[31]

En otras palabras, Tammet no calcula la respuesta a un problema matemático; la intuye. Para él es algo bello, una pieza perfecta necesaria para completar un puzzle.

Lo que hacen estas personas especiales parece imposible. Que tengan estos dones solo es posible si, para empezar, existen los fundamentos de la verdad. El caos no explica estas habilidades. El azar no golpea con una precisión tan profunda.

Hay formas de percibir el universo que están más allá de nuestra habilidad para siquiera adivinarlas desde nuestra posición ventajosa actual. Hace tiempo que vengo sosteniendo que todos padecemos lo que yo denominaría una disgnostia relativa. Con ello quiero decir que todos tenemos diversos grados de falta de percepción de los fundamentos de la realidad. En algunos ámbitos podemos tener menos comprensión intuitiva que nuestro amigo o vecino. En otros campos, puede que tengamos más. Sin embargo, nadie en este planeta, por muy brillante que sea, tiene una visión completa de todo.

Me parece ineludible que, cuando se examinan todas las pruebas, existen en efecto verdades subyacentes, básicas e inmutables sobre el modo en que funciona el universo. A los que están dispuestos a atribuir totalmente esto a cualquier grado de pura casualidad, les digo: Tonterías, tonterías y tonterías. (Podría haber utilizado un término más conciso que empezara por la palabra toro, pero a mi mujer le pareció inapropiado). Atribuir estas cualidades a la creación sin causalidad requiere un salto de fe en la casualidad mucho mayor que darse cuenta de la probabilidad de un creador, es decir, Dios.

Imaginemos ahora que, además de los sentidos mejorados de los que hablamos en el capítulo 6, se nos ha concedido el tipo de percepción de estas verdades inmutables que parecen poseer los sabios. Pero se combina con un intelecto muy superior al que cualquiera en esta tierra es capaz de tener.

Es como si esa abeja celestial de repente fuera capaz no sólo de oír y apreciar la música de una forma que Beethoven nunca hubiera podido, sino que también es capaz de componer una música mucho más grandiosa. Tiene la capacidad no sólo de contemplar el espectáculo del Gran Cañón, sino también de observar los dibujos de las rocas y las historias que cuentan. Ve la luz del sol e intuye por completo cómo puede actuar como partícula y como onda al mismo tiempo, algo que actualmente no comprendemos.

La abeja comprende ahora plenamente la magia y la magnificencia de la creación de la que está rodeada. Esto es análogo a lo que nos espera en el reino de los cielos. Decir que será alucinante o asombroso es sólo un testimonio de mi falta de mejor vocabulario.

Aun así, todo lo que hemos encontrado hasta ahora se sitúa en la periferia de nuestra experiencia celestial y no resuelve en última instancia el enigma del tedio con respecto a la eternidad. Para tener la mejor oportunidad de realizar la satisfacción sin fin, debemos mirar al núcleo del cielo y allí encontrar a Dios mismo y lo que pretende para nosotros. Estas nociones se contemplan en los dos últimos capítulos.

CAPÍTULO 8

HACIENDO LA LUZ DE DIOS

Alza sobre nosotros, oh Jehová, la luz de tu rostro.
SALMO 4:6

Jehová mi Dios alumbrará mis tinieblas.
SALMO 18:28

Jehová es mi luz y mi salvación; ¿de quién temeré?
SALMO 27:1

El que se cubre de luz como de vestidura.
SALMO 104:2

Porque el SEÑOR será tu luz eterna.
ISAÍAS 60:19

Otra vez Jesús les habló, diciendo: Yo soy la luz del mundo; el que me sigue, no andará en tinieblas, sino que tendrá la luz de la vida.
JUAN 8:12

Es mejor encender una vela que maldecir la oscuridad.
ELEANOR ROOSEVELT

La fe es la fuerza por la que un mundo destrozado emergerá a la luz.

HELEN KELLER

Podemos perdonar fácilmente a un niño que tiene miedo a la oscuridad; la verdadera tragedia de la vida es cuando los hombres tienen miedo a la luz.

PLATÓN

Me impresiona el número de veces que se utiliza la palabra luz en la Biblia. Es más, se utiliza con frecuencia como cualidad definitoria de la naturaleza de Dios. No creo que esto sea en absoluto por accidente o casualidad. No creo que sea el resultado de una traducción defectuosa de una lengua a otra. Estoy seguro de que está colocado ahí intencionadamente por voluntad de Dios para que lo observemos y lo consideremos profundamente.

Es importante pensar en esta luz no sólo como esa porción del espectro electromagnético de la que hablé antes, sino entenderla como la verdad que es el Espíritu de Dios. También creo que, cuando consideramos las implicaciones de esta luz, puede darnos otro nivel de comprensión, o al menos otra forma de ver la naturaleza de Dios así como nuestra naturaleza y cómo, sin algún tipo de intermediario, nosotros, tal y como somos actualmente, no podemos existir en Su presencia.

Si alguno de ustedes tiene alguna familiaridad casual con la astrofísica o incluso ha ido a ver alguna que otra película de ciencia ficción, es posible que haya oído el término neutrino. Resulta que el neutrino no es sólo producto de la imaginación de un escritor de ciencia ficción; existe de verdad. Una instalación en el Polo Sur designada en la comunidad científica como el Observatorio de Neutrinos del Cubo de Hielo[1] consta de 86 agujeros repartidos en una superficie de 1 kilómetro cuadrado. Cada agujero está perforado a una profundidad de 1,2 millas.

En cada agujero se bajan sensores ópticos sobre un cable hasta una profundidad de entre 4.757 y 8.038 pies. A estas profundidades, el hielo es excesivamente claro y oscuro. El único propósito de esta instalación es medir la interacción de los neutrinos con partículas más convencionales (pero igualmente invisibles para nosotros) con las que estamos más familiarizados, el átomo de hidrógeno.

Resulta que el neutrino se llama así porque no tiene ni carga positiva ni negativa y es, por tanto, neutro. Tiene una masa extremadamente pequeña del orden de $3{,}2 \times 10^{-39}$ onzas (0,0000 000 000000000000000000000000000032 onzas), aproximadamente 1 millón de veces menos masa que un solo electrón.[2]

Ya sé que todavía no te suena, ¿verdad? Permítame plantearlo de este modo: Ampliemos el neutrino a algo que podamos ver, digamos un grano de arena. Si tomamos ese grano de arena y lo multiplicamos por un factor de 10^{39}, acabamos teniendo 1×10^{39} granos. Esa cantidad de arena bastaría para construir unas 3.000 Tierras o una esfera con aproximadamente el doble del volumen de Júpiter.

Compare la diferencia de tamaño entre nuestro grano de arena original y esta esfera gigante. Ahora, tomamos esa esfera tan grande y la reducimos al tamaño de una pelota de ping-pong llena de arena. Entonces, si tomamos nuestro grano de arena original y lo reducimos en una cantidad proporcional, acabamos con algo del tamaño de un neutrino. Pero tanto si hablamos de granos, onzas o años, creo que alguna forma de visualizar estos números ridículamente grandes o pequeños nos ayuda a comprender.

Estos neutrinos fantasma se producen en el núcleo del sol por su reacción nuclear en curso, y cada segundo miles de millones de ellos atraviesan cada uno de nuestros cuerpos. Si es así, ¿por qué no los sentimos o por qué no nos hacen daño? Resulta que las propiedades mencionadas anteriormente confieren al neutrino algunas capacidades interesantes, no siendo la menor de ellas la habilidad de atravesar aparentemente sin esfuerzo la materia sin interactuar nunca con ella. ¿Hasta qué punto es importante esta habilidad?

Se dice que para que un neutrino tenga una probabilidad superior al 50% de chocar contra un átomo de plomo (un material denso que, como estoy seguro de que la mayoría de ustedes sabe, ¡ni siquiera Superman[3] podía ver a través de él!), la lámina de plomo tendría que tener un grosor de un año luz.[4]

¿Qué es un año luz? Es como un año normal con la mitad de calorías. (No, perdone, estaba pensando en una cerveza lite.) Un año-luz es la distancia que recorrerá la luz en un año. A 186.000 millas por segundo, multiplicado por 60 segundos por minuto, por 60 minutos por hora, por 24 horas por día, por 365 días, resulta unos 6 billones (6.000.000.000.000 o 6 x 10^{12}) de millas.

La Tierra se encuentra a sólo 8 minutos-luz del sol. Así que, como puede ver, sería una lámina de plomo de lo más prodigiosa. Entonces, ¿a qué viene este largo discurso sobre los neutrinos? Propongo que podemos pensar que la gloria transmitida de Dios (Espíritu) es análoga a tener el poder de penetración de un neutrino.

Sin embargo, a diferencia del neutrino, el Espíritu destruirá todo lo que encuentre que sea contrario a su naturaleza. Piénselo de esta manera: Si usted fuera una bombilla, ¿qué vería? No vería ninguna sombra porque usted mismo es la fuente de la luz, y cualquier sombra es ahuyentada por su vista.

Ahora bien, es evidente que hay sombras cuando encendemos una luz, pero al igual que el neutrino, el Espíritu de Dios no se ve obstaculizado por ningún objeto.

Sostengo además que entrar en su reino y comparecer ante Él será entrar para siempre en la plena presencia de ese Espíritu Santo.

En mi cuarto de baño tengo un par de lámparas especiales. Las bombillas que encajan en estas lámparas son dispositivos halógenos de 50 vatios. Aunque sólo tienen el tamaño del dedo índice de un hombre desde el segundo nudillo hasta la punta (aproximadamente dos pulgadas), proporcionan una iluminación mucho mayor que las bombillas incandescentes estándar.

La documentación que acompaña a las bombillas advierte del peligro de tocarlas con la piel desnuda y aconseja utilizar guantes para cambiarlas.

Por supuesto, sería una tontería tocar esa superficie si la luz acabara de estar encendida, pero las instrucciones figuran implícitamente nunca. Además, las instrucciones figuran que cualquier contacto puede reducir la vida útil de la lámpara. ¿Por qué? Porque cualquier residuo de suciedad o aceite de la piel hará que el cristal en ese punto absorba más energía radiante y la convierta en calor. Ese calor no sólo es más intenso para el componente interno de la lámpara, sino que también podría hacer añicos el cristal. Para maximizar la vida útil de la bombilla, ésta debe ser lo más transparente posible a la energía que la atraviesa.

Consideremos ahora nuestra naturaleza. ¿Alguno de ustedes ha deseado alguna vez irse de vacaciones y dejar atrás todas sus preocupaciones? Lo planeó, esperó y ejecutó su plan, pero para su consternación, una vez que llegó a su destino, descubrió que la persona que más deseaba dejar atrás se había unido a usted en el viaje. (No, no estoy hablando de su suegra.) Estoy hablando de usted, el usted imperfecto que siempre trae consigo las preocupaciones, las tensiones -y lo que es peor- la verdad sobre su naturaleza.

Todos, salvo el más inconsciente de nosotros, sabemos que no somos perfectos, ni mucho menos. Todos somos demasiado conscientes de nuestros defectos: nuestro mal genio, los celos, la envidia, la lujuria, la ansiedad, la depresión, la culpa, la duda, el miedo, la soledad y la pena. Todos estos defectos de carácter se originan y prosperan en el reino de las tinieblas. Hasta que uno no ha sido esclavo de ellos no puede apreciar realmente cómo cada uno es un cruel e implacable maestro de tareas, que inflige su propia y única marca de tortura.

También somos propensos a cometer errores que pueden hacernos sentir transitoriamente bien con nosotros mismos. Si somos santurrones, entonces nos sentimos superiores y quizá de algún modo nos sintamos justificados al utilizar a los demás para satisfacer nuestras necesidades percibidas.

Todos hemos tenido momentos en los que hemos cedido a esas emociones más bajas y nos hemos quedado cortos respecto a lo que sabemos que es lo correcto.

En el cristianismo, esta predisposición inherente a no alcanzar el ideal se denomina naturaleza pecaminosa. Quizá Britney Spears[5] se refiriera a ella de otra manera en una canción pop titulada Oops!… I Did It Again.[6] Sabemos que el apóstol Pablo estaba demasiado familiarizado con sus defectos espirituales. En Romanos 7:22-24 leemos: Porque según el hombre interior, me deleito en la ley de Dios; pero veo otra ley en mis miembros, que se rebela contra la ley de mi mente, y que me lleva cautivo a la ley del pecado que está en mis miembros. ¡Miserable de mí! ¿quién me librará.

Uno de los grandes propósitos del Antiguo Testamento era hacernos conscientes de la presencia de esta naturaleza en todas nuestras vidas. El Salmo 14:1 lo expresa de esta manera: Se han corrompido, hacen obras abominables; No hay quien haga el bien. Resulta que esta naturaleza pecaminosa nos mancha como cualquier suciedad lo hace con esas bombillas halógenas. Si 110 voltios destruirán una luz ligeramente sucia, ¡imagínese el grado de limpieza que habría que poseer para entrar en el campo de energía de un poder tan grande que podría crear un universo simplemente hablándolo para que existiera!

Esta naturaleza imperfecta es incapaz de existir en plena presencia de Dios y de comulgar con Él sin destruir su recipiente, al que llamaré alma. De hecho, entrar en proximidad con Dios mientras se lleva esta carga es darse cuenta de la destrucción total. Uno tendría más posibilidades de sobrevivir a un paseo por la superficie del sol que de presentarse ante Dios en nuestro estado defectuoso.

Éxodo 33:20 nos da el testimonio del propio Dios a este efecto. Moisés acaba de pedir ver la gloria de Dios y el Señor le responde: Dijo más: No podrás ver mi rostro; porque no me verá hombre, y vivirá. Esta es la razón por la que nunca podemos esperar llegar a Dios basándonos en nuestro propio mérito.

Gálatas 3:10 lo figura de esta manera: Porque todos los que dependen de las obras de la ley están bajo maldición, pues escrito está: Maldito todo aquel que no permaneciere en todas las cosas escritas en el libro de la ley, para hacerlas. La primera vez que cualquiera de nosotros se apartó lo más mínimo de la perfección de espíritu fue fatal para nosotros.

El Antiguo Testamento proporciona un ejemplo sorprendente de esto en las frases iniciales del Levítico capítulo 10: Nadab y Abiú, hijos de Aarón, tomaron cada uno su incensario, y pusieron en ellos fuego, sobre el cual pusieron incienso, y ofrecieron delante de Jehová fuego extraño, que él nunca les mandó. Y salió fuego de delante de Jehová y los quemó, y murieron delante de Jehová.

A primera vista, usted puede pensar que esto es algún acto mezquino de Dios, pero eso es sólo porque usted no ha captado la santidad de Dios. Yo argumentaría que lo que les sucedió fue la consecuencia inevitable de su acción, como si se hubieran bajado de un acantilado alto y hubieran caído bajo la fuerza de la gravedad hacia su muerte. La diferencia entre la gravedad y la santidad de Dios es que Su santidad es más segura.

Creo que hay dos verdades centrales que separan el concepto cristiano de Dios de otras nociones de Dios. La primera es Su santidad absoluta e inabordable. Como espero demostrar, no creo que Dios se deleitara con la muerte de Nadab y Abiú y, de hecho, se entristeció por ello. Ezequiel 18:32 dice: Porque no quiero la muerte del que muere, dice Jehová el Señor; convertíos, pues, y viviréis. Del mismo modo, Pablo señala en 1 Timoteo 2:3-4 que Porque esto es bueno y agradable delante de Dios nuestro Salvador, el cual quiere que todos los hombres sean salvos y vengan al conocimiento de la verdad.

Cada uno de nosotros tiene un gran problema. Al igual que la bombilla, somos ineludiblemente incapaces de eliminar cualquier mancha de nosotros mismos o de los demás. Realizar un acto de sacrificio o de bondad no puede borrar nuestros momentos menos que perfectos. Nuestras buenas obras son sólo aquellas cosas que deberíamos haber hecho en primer lugar para mantener una relación correcta con Dios.

Como Jesús figuró en Lucas 17:10: Así también vosotros, cuando hayáis hecho todo lo que os ha sido ordenado, decid: Siervos inútiles somos, pues lo que debíamos hacer, hicimos. Cuando la perfección es la norma mínima aceptable, no hay otro camino que ir hacia abajo. Entonces, ¿qué esperanza nos queda a cualquiera de nosotros? ¿Puede haber otro resultado que no sea la perdición?

Afortunadamente, no depende de nosotros dar una solución a nuestro dilema. Por increíble que parezca, Aquel que lo creó todo y sentó las bases de cómo y por qué funciona el universo, le ama a usted, el lector de este libro. Si se pregunta por qué, estará en muy buena compañía. Como escribió el salmista: Cuando veo tus cielos, obra de tus dedos, la luna y las estrellas que tú formaste, digo: ¿Qué es el hombre, para que tengas de él memoria, Y el hijo del hombre, para que lo visites?. (Salmo 8:3-4)

En esta coyuntura merece la pena considerar la naturaleza perfecta de Dios y qué implicaciones tiene esto cuando consideramos lo que significa ser perdonado por Dios. Mi cónyuge, o mi hijo, hermano, amigo o vecino pueden perdonarme alguna transgresión por la bondad de su corazón, o tal vez porque han experimentado lo que es ser perdonado. Este tipo de perdón equivale a una decisión consciente de anular la proclividad natural a sentir la necesidad de devolución o venganza. Puede que no se requiera un pago real por el agravio sufrido, aunque un sincero lo siento puede sin duda ayudar a la sanación. Sin embargo, debido a Su naturaleza, Dios no dispone de esta sencilla opción. Algunos podrían argumentar que Dios puede hacer cualquier cosa. Esto es fácilmente refutable. Por ejemplo, Dios no puede pecar. No está en Su naturaleza. Y del mismo modo, también es imposible que Él simplemente perdone sin que las ofensas hayan sido pagadas.

Aunque muchos intentarán culpar a Dios de todo tipo de males que hayan podido presenciar o sufrir, Él no ha realizado ningún mal. Por lo tanto, Él no puede ser el receptor agradecido de ningún perdón. Algunos pueden citar algún desastre natural como un terremoto o un tornado o alguna maquinación del hombre como la guerra o el genocidio tribal como prueba de que Dios hace el mal. Se pierden el panorama más amplio. Dios sí permite que sucedan cosas, cosas que están en contradicción con Su mejor voluntad. Sin esta simple verdad, usted y yo no podríamos experimentar lo que es tener libre albedrío. Y este mundo y la naturaleza sufren por estar fuera de comunión con Él. Pero la bondad de Dios y Su poder son tales que Él puede tomar estas circunstancias y finalmente utilizarlas para lograr el mejor resultado posible.

Debido a que carecemos de la perspectiva de Dios sobre lo que esto implicará, Él ha reconocido que no siempre veremos ojo a ojo con Él sobre lo que es mejor en un momento dado. Como se figura en Isaías 55:9, Como son más altos los cielos que la tierra, así son mis caminos más altos que vuestros caminos, y mis pensamientos más que vuestros pensamientos. En ocasiones he tropezado con una pepita de buena teología en una fuente inesperada. Recuerdo una escena eliminada de la película de 2003 *Todopoderoso (Bruce Almighty)* en la que Dios (interpretado por Morgan Freeman) discute con Bruce (Jim Carrey) sobre la sensatez de no conceder algunas peticiones de oración inmediatamente para conseguir un bien mayor a largo plazo. Si no recuerdo mal, se trataba de que Bruce había concedido la plegaria de una mujer para ser rescatada de la bancarrota. Creo que a la mayoría de nosotros nos parece una petición que merece la pena. A corto plazo, ella se hizo rica, pero debido a su independencia financiera, perdió la oportunidad que habría tenido de volver a conectar con su hermana, distanciada desde hacía mucho tiempo, un resultado que Dios consideró más valioso.

El mayor ejemplo de sabiduría que se me ocurre a este respecto procede de las propias Escrituras. Dios permitió que su mayor enemigo, Satanás, actuara con libre albedrío y llevara a cabo la máxima hazaña de odio y vileza al orquestar el asesinato del inocente Hijo de Dios. El colmo del poder de Lucifer fue matar a Dios encarnado, una maniobra calculada para prohibir presumiblemente que lo divino influyera en el hombre y asegurar así nuestra esclavitud a él. La respuesta sin precedentes de Dios es utilizar ese mismo acto para lograr la derrota del Diablo y provocar el mayor bien posible: la glorificación de su Hijo y la salvación de nuestras almas.

Aunque sospecho que pocos argumentarían que Dios carece de bondad de corazón, su naturaleza no permite un simple asentimiento mental por su parte para perdonar el pecado. Él no puede tolerar en absoluto el pecado, es decir, el pecado no puede existir en Su presencia.

Por lo tanto, ese pecado debe ser expuesto por completo. Gálatas 2:20 dice: Con Cristo estoy juntamente crucificado, y ya no vivo yo, mas vive Cristo en mí; y lo que ahora vivo en la carne, lo vivo en la fe del Hijo de Dios, el cual me amó y se entregó a sí mismo por mí.

La implicación directa es que el perdón de Dios ha tomado la forma de una transferencia de nuestra deuda de pecado de nosotros a Su Hijo.

Los humanos somos incapaces de sobrevivir a cualquier intento de pagar por nuestro propio pecado. Porque la paga del pecado es muerte (nuestras almas simplemente no podrían sobrevivir al proceso) Porque la paga del pecado es muerte, mas la dádiva de Dios es vida eterna en Cristo Jesús Señor nuestro (Romanos 6:23). Por eso Hechos 4:12 figura: Y en ningún otro hay salvación; porque no hay otro nombre bajo el cielo, dado a los hombres, en que podamos ser salvos. Y Jesús mismo figuró: Yo soy el camino, la verdad y la vida. Nadie viene al Padre sino por mí (Juan 14:6).

Tal vez fuera mi educación católica, o quizá fuera por ver a Charlton Heston[7] en demasiadas epopeyas bíblicas, pero hasta hace poco he tenido un concepto de Dios como alguien claramente separado y no terriblemente interesado en mi vida. Más allá de eso, tenía una larga barba blanca y llevaba un gran bastón, sólo esperando -de hecho, anticipando ansiosamente- que me saliera de la línea para poder darme un buen ¡golpe! Estoy seguro de que me dijeron algo distinto, pero una cosa es asentir a un concepto mental y otra muy distinta sentirlo en el corazón. Creo que fue esta percepción errónea más que ninguna otra cosa lo que me llevó a rechazar el cristianismo a carta cabal a mediados y finales de mi adolescencia. Incluso después de que, de adulto, llegara a creer en Jesús como Hijo de Dios y mi Salvador, mi visión de Dios Padre era la de la austeridad.

Sólo después de mucho meditar he llegado a la conclusión de que Dios está, en contradicción con esa presuposición, desesperado por tener una relación con nosotros. ¿Dios está desesperado?, dirá usted. Esto no encaja con mi concepto de Dios, flotando serenamente sobre las nubes, todo sabio y todo poderoso. ¿Cómo podría describirse a Dios como desesperado?.

Puede que tenga razón al oponerse a este término, pero sólo porque desesperado no es lo suficientemente severo para describir la situación. ¿Cómo de desesperado para lograr su objetivo tendría que estar para enviar a su único hijo a otro lugar, por primera vez lejos de usted, sabiendo que sería entregado a su enemigo jurado, severamente maltratado, torturado y asesinado?

Peor aún, toda la mancha que habíamos acumulado sobre nosotros mismos -todo lo que hace imposible presentarse ante Dios sin ser completamente destruidos- iba a ser transmitida a tu amado hijo, ya que se le asignó cargar con las consecuencias por nosotros. Imagínese cuánto amaba Jesús al Padre y a nosotros. Él había estado siempre en íntima relación con Dios, y ahora quedaría totalmente excluido de esa presencia. Si Dios es vida y luz, entonces estar totalmente excluido de Él es realmente experimentar la muerte y la oscuridad definitiva. Nunca podremos esperar comprender realmente todo lo que implica esta exclusión. Baste decir que ningún ser mortal podría soportarla y vivir. Por eso Dios decidió enviar al único que podía hacerlo.

¿Estaría usted dispuesto a sacrificar a su propio hijo o hija de esta manera? ¿Amarías a tu propio padre lo suficiente como para ofrecerte voluntario?

Lo que se soportó en la cruz fue mucho más profundo y grave que cualquier cosa presenciada por los humanos que estaban presentes. ¿Qué le ocurre a un ser inmortal cuando es sometido a la muerte? En nuestra experiencia, la oscuridad siempre está sujeta a la luz. Es decir, si un lugar está oscuro y luego uno enciende una luz, la oscuridad huye. Pero esto es como si uno pudiera entrar en un lugar iluminado y encender la oscuridad, haciendo que la luz huya.

Todo esto fue sólo para hacer posible que usted y yo pudiéramos finalmente venir a Él, desde las tinieblas exteriores y hacia Su luz. ¿Puede haber algún otro remedio? Si hubiera alguna forma de que pudiéramos llegar a Dios por nosotros mismos, ¿se habría exigido a sí mismo y a su Hijo un precio tan alto como para pasar por ese auténtico infierno? ¿Podría haber alguna definición mayor de amor? Estoy convencido de que no. Esta es la segunda verdad fundamental que separa al Dios del cristianismo de cualquier otro: la insondable profundidad de Su amor por nosotros.

En el día del juicio, los que se hayan negado a aceptar esta disposición tendrán que dar cuenta de por qué. Me temo que no tendrán una respuesta suficiente. A los que hemos aceptado esta verdad se nos hará una pregunta similar, aunque no tan demoledora: Sabiendo lo que sabías de Mí, ¿por qué actuaste como lo hiciste, pensaste y dijiste las cosas que dijiste, y no compartiste en palabra y obra, la Verdad sobre Mí que sabías que podría haber salvado a los que ahora están condenados en Mi presencia?. Realmente tampoco quiero tener que inventar una respuesta para eso. ¿Es ésta una parte de mi motivación para escribir este libro? Muy posiblemente.

Dios odia el pecado. Esto suena más que un poco peyorativo al principio, como si Dios hubiera decidido tomar una excepción con algo sólo porque decidió que quería hacerlo. Nada más lejos de la realidad. Teniendo en cuenta lo anterior, ¿cómo se sentiría usted ante algo que, sin el remedio antes citado, iba a arrebatarle para siempre a sus seres queridos y a condenarlos al más oscuro pozo de la miseria? ¿Cómo figuraría su enemistad por algo tan repugnante como para hacerle pagar un precio tan horrendo?

Para mí, el misterio central del cristianismo es doble. Primero, ¿por qué Dios podría amarnos tanto? Segundo, ¿cómo pudo Jesús quitarnos nuestra mancha?

Trataré la segunda cuestión antes de contemplar la primera. En Gálatas 2:20 se dice que hemos sido crucificados con Cristo. ¿Qué significa eso?

Como mi hijo mayor se ha esforzado por educarme, ha habido una variedad de teorías de la expiación expuestas a lo largo de los tiempos. La primera es la teoría del rescate. Ésta debe figurar que somos legítimamente la propiedad del enemigo (Satanás) debido a nuestro pecado. Dios, debido a Su naturaleza, no puede entrar en estos reinos para rescatar a Su pueblo cautivo. Es decir, si Él entrara de lleno en ese lugar, destruiría el lugar y a los cautivos que desea liberar. La encarnación es, pues, una gran infiltración de la humanidad con la divinidad de Dios. La crucifixión es el anzuelo cósmico con la carne de Cristo como cebo y su divinidad como anzuelo. La resurrección es la destrucción de la mayor arma del diablo -la muerte- y el rescate de aquellas almas dispuestas a aceptar Su provisión para ellas.

Luego está la teoría de la sustitución penal. Ésta se atribuye en gran parte a Anselmo de Canterbury[8] de alrededor de 1070. Implica la gran cadena del ser, que se extiende desde Dios hasta el hombre. El pecado actúa perturbando el orden establecido al causar un quebrantamiento del honor. La importancia de la ofensa depende del rango del ofendido y no del ofensor. Toda ofensa debe compensarse con la correspondiente restauración del honor. En este caso, como la ofensa es contra una entidad infinitamente suprema, debe pagarse con una pena infinita. Siendo así, sólo Dios es capaz de pagar la pena.

Peter Abelard[9] (1079-1142) propuso la teoría de la influencia moral. Este modelo rechazaba conceptos tradicionales como el pecado original, la expiación vicaria y el pecado como fuerza. Afirmaba que Dios es amor y no podía mostrar ira ni hacia nosotros ni hacia Jesús. Por lo tanto, Dios, por su propia voluntad y abundante gracia, ya había perdonado los pecados incluso antes de que Cristo muriera. El sacrificio de Cristo fue simplemente la máxima expresión del verdadero amor: la voluntad de morir por un ser amado que no lo merecía.

Por último viene la teoría de Cristo el penitente perfecto. Estamos hechos a imagen y semejanza de Dios. Aún conservamos una semblanza de esa imagen, pero se empañó en la caída. Cristo asumió nuestra caída en su encarnación. Mediante el sacrificio de Cristo, podemos alcanzar su naturaleza por su obra en nosotros. Cristo es la garantía y el punto de encuentro: porque es hombre, es uno con nosotros; porque es Dios, es uno con el Padre. Por tanto, por Él y en Él somos uno con Dios.

Se pueden esgrimir argumentos a favor y en contra de cada una de estas teorías y, puesto que no tengo formación teológica, soy el menos cualificado para dar ningún tipo de disertación exegética sobre ellas. Dicho esto, hay un dicho sobre el clan de los Tomás que escuché por primera vez de otro Tomás: A un Tomás siempre se le puede decir algo, pero no mucho. Así pues, como autor, haré valer mi prerrogativa y deberé figurar que ciertos aspectos de estas estratagemas me parecen muy sugerentes.

Sin embargo, me siguen pareciendo insatisfactorias a la hora de responder a la pregunta del cómo. Pero creo que al menos conozco el por qué del cómo. Es decir, creo entender por qué no podemos responder adecuadamente a la pregunta. Como el resto de pobres prisioneros, seguimos atrapados en la caverna de Platón. Lo que tuvo lugar en la colina llamada Gólgota hace dos mil años, tal y como lo presenciaron los presentes y los que hemos leído sobre ello, no fue la realidad en sí, sino la mera sombra de la realidad. No pretendo en absoluto trivializar la horrible muerte de Jesús. De hecho, remito al lector a un excelente artículo del *Journal of the*

American Medical Association titulado Sobre la muerte física de Jesucristo (Edwards, et al., 21 de marzo de 1986, vol. 255, nº 11). Como he figurado antes, no tenemos forma de concebir lo que sucede cuando un ser divino e inmortal es sometido a la forma última de muerte: la separación de la fuente divina e inmortal de la vida.

Una vez más, consideremos la naturaleza de Dios y de Jesús. En Juan 1:1-2 leemos: En el principio era el Verbo, y el Verbo era con Dios, y el Verbo era Dios. Este era en el principio con Dios..

Juan 1:14 describe la relación entre Jesús y el hombre: Y aquel Verbo fue hecho carne, y habitó entre nosotros (y vimos su gloria, gloria como del unigénito del Padre), lleno de gracia y de verdad.. El primer versículo habla de que Jesús es intrínseco a ese espacio de Dios que mencioné en el capítulo 3 (es decir, está fuera del alcance del espacio-tiempo, siempre existente, siempre intrínseco al Yo Soy). En este último versículo, sin perder Su identidad primera, Él es también plenamente humano y en el tiempo. Así pues, Él es la interfaz consumada entre el Dios eterno, omnipresente, iluminado y todopoderoso, y el ser transitorio, imperfecto, ciego y oscuro llamado hombre.

Creo que es en este contexto en el que debemos contemplar Romanos 6:6: sabiendo esto, que nuestro viejo hombre fue crucificado juntamente con él, para que el cuerpo del pecado sea destruido, a fin de que no sirvamos más al pecado y Efesios 2:6: y juntamente con él nos resucitó, y asimismo nos hizo sentar en los lugares celestiales con Cristo Jesús.

Observe el tiempo pasado de los verbos utilizados. Es algo real y ya realizado, incluso antes de que usted y yo llegáramos a conocer la existencia. Esto da fe de la naturaleza y el poder asombrosos de esa doble identidad como Dios y como hombre y de cómo un sacrificio podría expiar todas las transgresiones pasadas, presentes y futuras hasta la época de Jesús en la tierra, hace dos mil años. Además, creo que los teólogos deben dar cuenta de esta realidad al considerar Efesios 1:4-5, que dice: según nos escogió en él antes de la fundación del mundo, para que fuésemos santos y sin mancha delante de él, en amor habiéndonos predestinado para ser adoptados hijos suyos por medio de Jesucristo, según el puro afecto de su voluntad, y Deuteronomio 30:19-20, que dice: escoge, pues, la vida, para que vivas tú y tu descendencia; amando a Jehová tu Dios; es decir, la relación entre predestinación y libre albedrío.

No pretendo tener la respuesta; sólo señalo las verdades que deben tenerse en cuenta al analizar tales asuntos. Es el hecho de que Jesús, mediante su interrelación con lo eterno, fuera capaz de pagar la consecuencia de los pecados cometidos por aquellos que aún no existían, lo que debería darnos nuestra mayor confianza en nuestra salvación personal a través de Él.

No importa cuán a menudo nos sintamos como si hubiéramos fracasado en nuestro caminar cristiano, ya sabemos que nada de lo que hacemos es una sorpresa para Dios. En Proverbios 24:16 se debe figurar: Porque siete veces cae el justo, y vuelve a levantarse; Mas los impíos caerán en el mal.. Esto merece un pequeño comentario. Primero, dése cuenta de que justos se refiere a cómo Dios nos ve en Cristo, no a nuestro propio mérito. Segundo, siete veces no se refiere a siete instancias literales. De lo contrario, habría dicho: ¡Oh, mierda, ya sabes que era el número ocho! hace mucho tiempo. A veces se hace referencia al siete como el número de la perfección o plenitud de Dios. Significa tantos como sean necesarios. Por eso Jesús lo utilizó en Mateo 18:21-22 para dar perspectiva sobre las riquezas de la gracia de Dios en comparación con el legalismo del hombre: Entonces se le acercó Pedro y le dijo: Señor, ¿cuántas veces perdonaré a mi hermano que peque contra mí? ¿Hasta siete? Jesús le dijo: No te digo hasta siete, sino aun hasta setenta veces siete..

Considerando la magnitud de aquel escenario, sería mucho más asombroso que pudiéramos tener alguna comprensión de lo que sucedió en aquella colina de lo que es que no la tengamos. La conclusión es que Jesús tuvo que pagar el precio por nosotros en el tiempo temporal y acceder de algún modo a esa interfaz con lo eterno antes de que pudiera enviar -y nosotros pudiéramos ser habitados por él y nuestras almas sobrevivir- al Espíritu Santo. No creo que permanezcamos ignorantes para siempre. Una vez que hayamos atravesado esa orilla celestial, como diría uno de mis personajes literarios favoritos, el Hércules Poirot[10] de Agatha

Christie, Todo será revelado.

En *Mere Christianity*, C. S. Lewis11 escribió: Cualquier teoría que construyamos sobre cómo la muerte de Cristo hizo todo esto es, en mi opinión, bastante secundaria: meros planes o diagramas que hay que dejar solos si no nos ayudan y, si no nos ayudan, que no hay que confundir con la cuestión en sí. Y, como afirmó mi bella y perspicaz esposa: Afortunadamente, no hace falta saber cómo funciona un ordenador para utilizarlo.

A este lado de la tumba, Dios sigue dándonos cosas que aprender y formas de crecer. Nos está preparando para aceptar ese regalo de ser finalmente y para siempre libres de los grilletes de la humanidad y conducidos al festín de nuestras naturalezas perfeccionadas. Entonces seremos capaces de soportar la presencia de Su gloria y estaremos totalmente llenos de la esencia a la que me he referido como el Espíritu. Como una fina pieza de cristal óptico puede transmitir la luz que encuentra a lo que hay más allá de ella, así nosotros debemos transmitir este Resplandor de Dios y llenar el cielo.

Creo que sólo entonces, en ese estado, podemos esperar obtener una visión real de la cuestión más profunda de por qué Dios nos amaría hasta un grado tan incomprensible. Estos recipientes terrenales actuales en los que habitamos son, como mucho, capaces de murmurar un humilde gracias e intentar seguirle a trompicones. Una de nuestras principales lecciones es aprender a confiar en Su promesa de caminar con nosotros y sostenernos a cada paso del camino. Como dijo el salmista: Lámpara es a mis pies tu palabra, y lumbrera a mi camino. (Salmo 119:105)

¿Qué implicación tiene la luz de Dios en nuestra nueva naturaleza en Su reino? En 1 Corintios13:10, 12 leemos: mas cuando venga lo perfecto, entonces lo que es en parte se acabará.... Ahora vemos por espejo, oscuramente; mas entonces veremos cara a cara. Como he aludido antes, para ser hecho perfecto, una parte de mí debe morir. Quizá se pregunte: *Si una parte de mí muere, ¿seguiré siendo yo?* En contraposición a la perspectiva monista tratada en el capítulo dos, en la que perdemos nuestra identidad individual y nos convertimos en una parte indistinguible del todo, creo que es valioso considerar de nuevo la analogía de las bombillas.

Imaginemos una ristra de luces de Navidad. En esa ristra hay luces de distintos tamaños, formas y colores. Tome esa ristra y llévela a una habitación oscura y ¿qué verá? Nada, recuerde, la habitación está a oscuras. Pero, ¿qué ocurre si enchufa esa ristra de luces? Bueno, si la corriente es baja, puede que empiece a ver unos tenues resplandores. Considero que este es nuestro estado actual. Tenemos un poco de luz, pero la oscuridad aún nos rodea. Ahora imagine que la corriente sube al máximo. De repente aparecen el rojo, el verde, el azul y muchos otros colores. Hay formas grandes y pequeñas, redondas y oblongas. Cada una tiene un lugar único en la serie y sin cualquiera de ellas la luz coalescente no estaría completa. Así es el reino de los cielos.

En 1 Juan 1:5 se figura que Dios es luz, y no hay ningunas tinieblas en él. Una vez que estamos completamente iluminados, no hay lugar para que ninguna sombra se refugie. Sólo hay un hecho redentor en la oscuridad. Cuando incluso un poco de luz comienza a brillar en la negrura, se ve con facilidad y llama nuestra atención. Antes hablé de las armas de las tinieblas que han sido utilizadas para mantenernos esclavos. Lo que no le dije antes es lo que puede ocurrir cuando se exponen al asombroso poder de la luz. El mal genio se transforma en paciencia, la envidia en alegría vicaria, la lujuria en amor, la ansiedad en seguridad, la depresión en alegría, la culpa en perdón, la duda en esperanza, el miedo en valentía, la soledad en comunidad, la pena en regocijo y la condena en compasión. No sólo seguirá siendo usted, sino que será usted plenamente realizado, el usted que fue diseñado y destinado a ser. Su personalidad y su potencial se maximizarán. Por primera vez, y para siempre, sabrá por fin lo que significa ser usted.

He hablado de *Quién* ha dispuesto que nos suceda este destino tan maravilloso y de algunos de Sus atributos. Pero, ¿cuál es la naturaleza de la conexión que permitirá transmitir el Espíritu? ¿Y cómo repercutirá en nuestra huida del aburrimiento?

CAPÍTULO 9

LA RELACIÓN Y LA BÚSQUEDA DE SIGNIFICADO

"¿O ignoráis que vuestro cuerpo es templo del Espíritu Santo, el cual está en vosotros, el cual tenéis de Dios, y que no sois vuestros?"
1 CORINTIOS 6:19

"Maridos, amad a vuestras mujeres, así como Cristo amó a la iglesia, y se entregó a sí mismo por ella, para santificarla, habiéndola purificado en el lavamiento del agua por la palabra, a fin de presentársela a sí mismo, una iglesia gloriosa, que no tuviese mancha ni arruga ni cosa semejante, sino que fuese santa y sin mancha."
EFESIOS 5:25-27

La salud es el mayor regalo, la satisfacción la mayor riqueza, la fidelidad la mejor relación.
BUDA

La relación espiritual es mucho más valiosa que la física. La relación física divorciada de la espiritual es cuerpo sin alma.
MAHATMA GANDHI

Pasar del alejamiento de Dios a ser hijo de Dios es el hecho básico de la conversión. Esa relación alterada con

Dios te da una relación alterada contigo mismo, con tu
hermano el hombre, con la naturaleza, con el universo.

E. STANLEY JONES

El escéptico y su esposa y otra pareja paseaban por la avenida después de cenar en una agradable tarde de verano, discutiendo sobre todo tipo de cosas. Una persona lanzó la pregunta: ¿Por qué dice la Biblia que no hay matrimonio en el cielo?. El escéptico, sin tomar plenamente en consideración la circunstancia, se apresuró a ofrecer la desacertada respuesta: Bueno, después de todo, es el cielo. El escéptico recibió un fuerte codazo en las costillas por parte de su cónyuge, y déjenme decirles que ¡dolió! Creo que esa vez me salió un moretón.

Sin embargo, la pregunta es válida y tiene una tremenda implicación con respecto a la perspectiva de aburrirse en el cielo.

A lo largo de los años, me he ido haciendo cada vez más consciente de lo maravillosa que era la familia en la que tuve el privilegio de nacer. Esto no quiere decir que las cosas fueran siempre perfectas. Había esas cosas que plagan a todos los humanos que se encuentran en nuestra casa. Había mal genio, palabras duras, sentimientos heridos, culpa, lágrimas y momentos en los que nos sentíamos aislados. Pero siempre tuve la convicción de que a pesar de todo, de alguna manera, tenía un hogar al que pertenecía. De algún modo, tenía una familia donde me querían, si no siempre en el momento, al menos en la cuenta final.

Soy el menor de cinco hermanos. Mi madre se quedó huérfana a los diez años más o menos y, por lo que he podido averiguar, fue pasando de un pariente a otro para que la cuidaran más por obligación que por amor. En consecuencia, creo que nunca tuvo realmente un sentimiento de familia hasta que conoció y se casó con el hombre con el que pasaría más de cinco décadas: mi padre. Era el cuarto de los diez hijos que tuvieron Asa y Mamie Thomas en un pequeño pueblo del oeste de Iowa. No estoy segura de que tuviera la mejor relación con su padre, pero sé que tenía una relación decente con sus hermanos y se sentía seguro en el amor de su madre. Creo que fue principalmente de ella de quien se formó el concepto de lo que es ser familia, un concepto que él mantenía muy arraigado y que demostraba fielmente, aunque no siempre a la perfección.

Mi hermano mayor es mi hermana, doce años mayor que yo. Puede que a ella le deba parte del ímpetu para escribir este libro. Fue ella quien, mientras me mantenía a la edad de tres o cuatro años por los talones sobre el retrete y amenazaba con tirarme de la cadena si no dejaba de llorar, me convenció para que considerara el concepto de la finalidad de esta vida en primer lugar.

Si hubiera sido mayor me habría dado cuenta de que realmente no llevaría a cabo este acto atroz. Podría haber razonado que las probabilidades de que taponara el retrete habrían sido extremadamente altas y entonces se habría metido en un lío tremendo. Me complace figurar que nuestra relación ha progresado muy bien desde entonces y, aunque a veces todavía me considere un zurullo, dudo que alguna vez quiera tirarme de la cadena.

Mi hermano mayor es diez años mayor que yo. Se puede decir con seguridad que era el hermano al que más admiraba cuando era pequeño. Era grande y fuerte, guapo, inteligente y tenía una de las mejores voces para cantar que había (o he) oído nunca. En su mayor parte, creo que me toleraba. Claro, hubo una vez en que él y mi siguiente hermano mayor decidieron enseñarme a montar en bicicleta llevándome a lo alto de la colina de la calle que había frente a nuestra casa. Me colocaron en su bicicleta de tres velocidades y veintiséis pulgadas con la simple instrucción de: Si quieres girar, gira la rueda en esa dirección e inclínate un poco.

Como mis pies no estaban a menos de quince centímetros de los pedales, no tuve que preocuparme de cómo utilizarlos. Y supongo que cuando se trataba de parar, pensaban que era capaz de descubrirlo por mí mismo. Por decirlo de alguna manera, sí que lo descubrí. Todo lo que necesitaba era un cruce inminente con coches corriendo de un lado a otro, un estrecho carril justo al lado y una valla que bordeara el carril lo suficientemente alta como para detener la bicicleta, enviarme por encima de la valla y caer de espaldas en el patio del vecino. Que no resultara gravemente herido es testimonio del concepto de los ángeles de la guarda. Aun así, aquello acabó con mi entusiasmo por montar en bicicleta durante algún tiempo. Mi siguiente hermana probablemente tuvo más que ver con la solidificación de mi concepto de familia que cualquiera de las otras. Se llamaba Gretchen Marie Thomas y nació en 1945 con lo que entonces se denominaba mongolismo o, como es más conocido hoy en día, síndrome de Down. En aquella época, era habitual que los niños nacidos con este trastorno fueran entregados a algún centro de cuidados de larga duración. No opino mal de los padres que optaban por hacer esto. La tarea de criar a un niño con necesidades especiales era desalentadora en aquellos tiempos, cuando no había recursos para una vida independiente a largo plazo cuando el niño se hacía adulto. Mantener a un niño así en casa equivalía a aceptar un compromiso de cuidados de por vida. Sin embargo, mis padres asumieron ese compromiso sin vacilar.

Estoy prácticamente seguro de que mi madre sintió (erróneamente) que había hecho algo terrible y que ésta era la forma que tenía Dios de retribuirla. Aunque creo que ella creía sinceramente en Su provisión para que entrara en Su reino, no creo que hubiera experimentado de niña la base de seguridad de lo que es ser amada incondicionalmente como para llevar esto a lo más profundo de su corazón. Mamá falleció en 1992 y ahora conoce esa verdad hasta un punto que somos incapaces de comprender.

Puedo citar muchos ejemplos de cómo mis padres se comprometieron con Gretchen. Mi madre renunció esencialmente a su carrera como enfermera titulada para cuidar adecuadamente de Gretchen y del resto de nosotros. Pero mientras que mis otros hermanos y yo acabaríamos siendo autosuficientes, Gretchen no lo sería. Creo que, de haber sido de otro modo, mamá habría reanudado su carrera de enfermera, un trabajo del que obtenía mucha satisfacción y disfrute. Papá se mostró más brillante cuando la salud de mamá empezó a fallar. Finalmente abandonó la carrera que amaba para convertirse en cuidador a tiempo completo tanto de mamá como de Gretchen. Tras el fallecimiento de mamá, continuó cuidando de Gretchen obediente y amorosamente. Esta tarea se hizo aún más difícil cuando Gretchen desarrolló una demencia de Alzheimer rápidamente progresiva y se convirtió esencialmente en una inválida funcional. Como el propio papá, a sus 89 años, dijo una vez: Ya sabes, cuando sólo pesas 10 kilos más que alguien y éste se resiste a poner los pies en el suelo, es difícil sostenerlo sobre el retrete y bajarle los pantalones al mismo tiempo. Mis pulgares no tienen tanto talento. Lo resumiré diciendo que desde el momento en que nació hasta el momento en que murió, Gretchen nunca supo lo que era no ser querida. Su vida como parte de nuestra familia fue un componente significativo del cemento que nos unió en el amor.

Luego está mi siguiente hermano mayor. Con él siempre sentí cierto grado de competencia. Ser tres años y medio mayor que yo ya habría sido una ventaja injusta, pero él tenía otros atributos ante los que yo no tenía respuesta. Era el más atlético de los niños (en clase de educación física cronometraban los 100 metros lisos con un reloj de sol); era popular y tenía (y tiene) mucha habilidad artística. Parecía no tropezar con las cosas de la vida que me molestaban, como la culpa, y no toleraba tales cosas en mí. Esto provocó más de un pequeño conflicto.

Una vez me apodó hermana Greg, un apodo que me alegró que no se me quedara. En general, parecía disfrutar de la vida más que yo. Recuerdo una tarjeta de cumpleaños que me regaló hace unos años. En la portada ponía algo así como: ¿Recuerdas cuando éramos niños y solía burlarme de ti, atarte y, en general, hacerte la vida imposible?. Luego, al abrir la tarjeta, se leía: Echo mucho de menos aquellos días. La mayor parte del tiempo nos llevábamos razonablemente bien, pero no recuerdo haberme sentido muy querido por él hasta que entré en la universidad. No lo estaba pasando muy bien y me sentía más que un poco abrumado ante la perspectiva de intentar superar los estudios y entrar en la facultad de medicina. Además, era la primera vez que pasaba mucho tiempo fuera de casa y echaba de menos mi hogar. Él estaba en la facultad de odontología por aquel entonces en Portland e hizo un viaje especial un fin de semana sin más motivo que verme. Eso fue especial. Mi hermano se preocupaba de verdad lo suficiente como para hacer eso por mí. Nuestra relación ha seguido mejorando desde entonces, y tengo una sensación plena de aceptación, apoyo y amor con todos mis hermanos. Papá y mamá se habrían sentido gratificados al saberlo. Por mi parte, y reflexionando sobre la pregunta original de este capítulo, Dios ha tenido a bien regalarme una esposa maravillosa (aunque de codos afilados) llamada Heidi. Fue ella quien primero me motivó a replantearme no sólo quién es Dios, sino incluso si existe un Dios personal en primer lugar. Como he escrito antes, no siempre he creído en ningún tipo de Dios más allá de lo que probablemente encajaría en el panteísmo, algo así como la fuerza de las películas *de La guerra de las galaxias*.[1] Mi concepto de Dios estaba bastante torcido. ¿Cómo de torcido? Fomentaba la culpa lo suficiente como para que pasara mi adolescencia temprana preguntándome a diario si la tierra se abriría y me tragaría. En consecuencia, al encontrar tan poca gracia, me sentía ansioso, neurótico y deprimido. En mis últimos años de adolescencia, había llegado a la conclusión de que si esa representación de Dios era correcta, no quería tener nada que ver con Él.

De adulto, he conocido a muchas personas que crecieron en la Iglesia católica y tienen una fe y una relación con Dios fuertes y vibrantes. Por desgracia, de alguna manera, yo había perdido el tren. No fue hasta años más tarde, cuando conocí a esta señorita que tenía una fuerza en ella que me resultó de lo más atractiva -y no le vino mal que fuera (y es) guapa- que me sentí en absoluto tentado a replantearme mi concepto del Dios cristiano.

No era algo que emprendería sin grandes reservas. Investigar en esa línea sería traer de vuelta, potencialmente, los fantasmas de la culpa implacable, la vergüenza y el miedo que me habían torturado durante esos años y volver a caer en ese pozo de desesperación y condena aparentemente ineludible. Por otro lado, me aseguró que mis conceptos anteriores eran marcadamente incorrectos y, a pesar de mi miedo, razoné que si estaba equivocada y hay un Dios ahí fuera que realmente se preocupa por mí, entonces sería una tonta si no le buscara. Se nos ha concedido el privilegio de tener cinco hijos maravillosos. (Me complace informar de que todos ellos son una mejora definitiva de la mitad masculina de su prototipo progenitor). Mi esposa y yo nos hemos esforzado por darles un hogar y un sentimiento de familia que les permitiera afrontar lo que el futuro les deparara, sabiendo que, mientras cualquiera de nosotros estuviera cerca, serían amados y no les faltaría un lugar de seguridad y descanso.

Mi familia de origen siempre fue físicamente demostrativa de afecto, y creo que esto se ha transmitido con éxito a los niños.

Tal vez sea la parte italiana de mi ascendencia la que ha hecho de eso una parte integral del amor a los demás. Me propuse que, para cuando tuvieran unos pocos años, cada uno de ellos hubiera sido besado tanto que, aunque no se les volviera a besar y vivieran hasta los 100 años, aun así habrían sido besados más de una vez por cada día de su vida.

Cuando tuvieron edad suficiente para comprenderlo, lo compartí con ellos como una forma de asegurarles que siempre serían amados. No voy a entrar en lo maravilloso, talentoso, guapo, hermoso, musical y brillante que es cualquiera de mis hijos. Esas cosas se encuentran en las cartas de Navidad, esas farragosas notas estacionales que uno mira y piensa: Oh, hermano, ya estamos otra vez. Le aseguro que si alguna vez recibe (o ha recibido) una carta navideña nuestra, no contendrá nada de eso. Basta con decir, como les digo a nuestros hijos, que cada uno de ellos es una bendición sin medida. Mi familia me ha facilitado llegar al concepto de un Dios amoroso. Quizá, gracias a ellos, me resultó más fácil que a muchos de los que puedan estar leyendo esto. Durante mis últimos años de adolescencia, recuerdo que le conté a un conocido que mis dos padres me abrazaban y besaban habitualmente. Se quedó realmente asombrado. Me dijo que no recordaba haber sido abrazado o besado nunca por su padre. Yo estaba igualmente asombrado.

Verá, no fue hasta ese momento cuando empecé a darme cuenta de que mi familia me había dado algo de lo que tanta gente carece: la importancia de ser. No sé de qué otra forma podría uno alcanzar esta piedra angular de la psique si no es siendo amado. Si usted sufrió abandono o abusos físicos, sexuales o emocionales en su hogar, mi corazón está con usted. Es posible que algunos de los que lean esto hayan sufrido lo ocurrido a manos de personas que eran, o al menos se llamaban a sí mismas, cristianas. No sé qué hacer por ustedes más que dejar este escrito y orar para que Dios permita que sea una señal para ustedes, un mensaje que les haga saber que, diga lo que diga el mundo, ustedes valen. Tienes un valor tan grande que el Dios de toda la creación quiere tomarte en sus brazos y mantenerte y secar cada lágrima y reemplazar tu vacío con la plenitud del amor. Ya sabes que puede ser un concepto difícil de aceptar, pero utilizaré otra analogía para exponer mi punto de vista.

Vivo en Salem, Oregón. Si conduce 100 millas hacia el oeste de mi casa, se mojará mucho, mucho. Tanto su coche como usted necesitarán esnórquel. No tiene por qué creerme, pero eso no altera el hecho de que lo que digo es cierto. Lo mojado es mojado. Y le aseguro que Dios sí *le* ama , y eso es lo que en última instancia le permite alcanzar la importancia. Más allá de las necesidades inmediatas de comida, cobijo y lo que sea necesario para la continuidad de la vida, creo que nuestro impulso más básico es la búsqueda de significación. Es el motivador subyacente de todo, desde el amor hasta el poder dictatorial, desde la espiritualidad hasta el sadismo. Es lo que motiva al culturista a pasarse hora tras hora levantando las mismas pesas arriba y abajo. Hace que el fanático acérrimo de los deportes viva todo el año anticipando unas breves horas viendo a su equipo.

En el peor de los casos, puede impulsarnos a cometer actos de violencia, tal vez incluso a asesinar a un aficionado de otro equipo. Algunas personas buscan la importancia en el dinero, la posición social, el trabajo, ser padre o madre, el sexo, la habilidad atlética, la fama y la infamia. No es que todos ellos sean intrínsecamente malos. Un físico bien logrado, si no se exagera, puede ser algo bello.

Piense en la escultura *David* de Miguel Ángel[2] . El dinero puede utilizarse para cosas buenas, y el poder en las manos adecuadas es una bendición. En cuanto al sexo, bueno, no conseguí cinco hijos por sentarme a intentar apilar BBs en un día ventoso. Lo malo es que la mayoría de los empeños dan como resultado una ganancia material muy pasajera. Todo el libro del Antiguo Testamento del Eclesiastés está dedicado a reflexionar sobre este tema. Pero creo que el concepto general se capta maravillosamente en las tres estrofas centrales del poema de A. E. Housman[3], A un joven atleta muerto:

La vez que ganaste a tu pueblo la carrera,
Te acompañamos por la plaza del mercado;
Hombres y niños te aclamaron,
Y a casa te llevamos a hombros.

Hoy, en el camino vienen todos los corredores,
A hombros te llevamos a casa,
Y te colocamos en tu umbral,
Habitante de un pueblo más tranquilo.

Muchacho listo, escabullirte a tiempo
De campos donde la gloria no permanece
Y temprano aunque el laurel crece,
Se marchita antes que las rosas.

Los ojos que la noche umbría ha cerrado
No pueden ver el record cortado,
Y el silencio no suena peor que los vítores
Después que la tierra ha tapado los oídos:

Ahora no engrosarás la derrota
De muchachos que desgastaron sus honores,
Corredores a quienes el renombre superó
Y el nombre murió antes que el hombre.

Así que pon, antes de que sus ecos se desvanezcan
El pie veloz en el umbral de la sombra,
Y mantén en alto en el dintel bajo
La copa del desafío aún defendida.

Y alrededor de esa cabeza tempranamente laureada
Acudirán a mirar los muertos sin fuerza,
Y encontrarán sin marchitar en sus rizos
La guirnalda más breve de una chica.

Para cualquiera que quiera poner su énfasis en otra cosa, es probable que pocas de nuestras búsquedas sobrevivan más allá de la tumba, excepto el amor devocional sincero. Quizá, si ha escuchado algunos sermones sobre el tema, lo conozca mejor bajo el término ágape. Se trata de una palabra griega cuya definición en el diccionario es preocupación desinteresada, leal y benevolente por el bien de otro.

Este es el tipo de amor del que hablaba Jesús en Mateo 22:37,39 cuando dijo: Jesús le dijo: Amarás al Señor tu Dios con todo tu corazón, y con toda tu alma, y con toda tu mente... Y el segundo es semejante: Amarás a tu prójimo como a ti mismo. A diferencia del sustantivo amor, que puede significar cualquier cantidad de cosas, estoy escribiendo sobre la forma verbal que se transmite mejor a través de la relación. Y esa relación debe ser genuina para que los demás sepan que son importantes para nosotros.

Lamentablemente, soy muy introvertido. Mientras que algunas personas se sienten cómodas en una audiencia, en una reunión de ese tipo me siento tan a gusto como un globo en una convención de puercoespines. En consecuencia, una verdadera relación prácticamente nunca surgiría de una confluencia de personas con las que no estuviera ya familiarizada.

Aunque anhelo al menos breves momentos de soledad, hay pocas personas con las que me aburra más rápido que conmigo. Cuando tengo cerca a mis hermanos, mi cónyuge, mis hijos o mis amigos, la mayoría de las veces, las cosas van a ser de alguna manera un poco más emocionantes, un poco más agradables.

Ahora bien, en los círculos cristianos, existe esta cosa llamada *comunión,* y mi hermano mayor más próximo y yo la tememos absolutamente. Por ejemplo, hace muchos años, mi esposa pertenecía a un grupo femenino de estudio de la Biblia. Las señoras del grupo decidieron que sería divertido celebrar una velada de confraternidad, a la que cada una llevaría a su cónyuge. A pesar de mi reticencia a aventurarme en tales circunstancias, accedí a los deseos de mi cónyuge y fui. Como había previsto, cuando llegamos allí, conocía a mi esposa y a otra pareja. Las otras treinta personas que había eran completos desconocidos. No soy muy dado a entablar conversaciones triviales cuando no hay ningún tema de interés. Aprendí hace mucho tiempo a no preguntar a nadie: ¿Cómo estás?. Como soy médico, puedo decirle que, en cuanto la gente sepa a qué me dedico, me dirá exactamente cómo está. Como no tengo una consulta médica en la tienda Safeway local, en realidad no quiero oír hablar del último brote hemorroidal de alguien mientras busco guisantes congelados.

Probablemente, la exposición fotográfica de la feria estatal no sea el mejor lugar para enterarse del flujo vaginal de la mujer de alguien.

En cualquier caso, pronto me quedé sin gente con la que hablar. Mientras reunían a la gente para jugar a algunos juegos y yo oraba en silencio, *¡Señor, perdóname!* divisé una escalera oscura. Como no estaba ocupado confraternizando, emprendí la huida. Al pie de la escalera, encontré una habitación de lo más encantadora: una biblioteca. Había un agradable resplandor procedente de una lámpara solitaria junto a una silla acolchada. No tardé en convertir mi sufrimiento en la experiencia mucho más agradable de la lectura. No recuerdo lo que leí. Sólo sé que el material despertaba cierto interés en mí y que no sentía la tensión de una interacción social forzada.

Mi ensueño duró más de una hora, y aunque sabía que mi mujer me pasaría factura por mi comportamiento, o como solía decir el niño malo de Red Skelton[4]: Si lo hago, me dan una paliza. Lo hice! Hice mi elección.

Cuando por fin me descubrieron (al parecer, hicieron una búsqueda masiva del corpus delicti), obtuve exactamente lo que esperaba, una reprimenda en privado pero prolongada. Pero justo cuando las cosas estaban más oscuras, Dios dispuso que un gran rayo de esperanza iluminara mi vida. Llegó con las últimas palabras de mi esposa: ¡Y nunca volveré a llevarte a una reunión así!. Como supuestamente dijo Brer Rabbit: ¡Oh, por favor, Brer Bear, no lo hagas, prométeme que nunca me arrojarás al zarzal!. Esa noche dormí bien.

Ahora usted podría argumentar con razón que no demostré ningún amor tipo ágape en ese caso. Confieso mi defecto en esa circunstancia. Como humano caído, me resulta difícil fabricar entusiasmo y me parece hipócrita pretender hacerlo. Estoy seguro de que debo mejorar mi actitud en este sentido. También estoy seguro de que no habrá necesidad de crear una actitud positiva en mis interacciones con los demás una vez que llegue al cielo. Entonces podré alcanzar por fin la perspectiva de Dios sobre sus hijos, transmitiéndoles su amor y dando fe de su importancia.

La razón por la que no habrá matrimonio en el cielo es que todas las relaciones que tengamos allí serán mucho más profundas, mucho más íntimas, mucho más cómodas que cualquier cosa que hayamos experimentado aquí. Nuestras relaciones más íntimas aquí no se pueden comparar con eso. Por mucho que ame a mi mujer, a mis hijos, a mis hermanos y hermanas, a mis padres y a mis amigos, los amaré mucho más en el cielo. Lo que ocurre es que mi amor no se limitará sólo a ellos; será profundo por cada uno de mis compañeros de convivencia celestial.

Mi hermano (el que ama el compañerismo tanto como yo) dijo una vez que esperaba que el cielo fuera excesivamente grande porque había algunas personas que iban a estar allí con las que realmente no quería encontrarse. No hay que preocuparse. Una vez que nos hayamos liberado de aquellos aspectos de nuestra humanidad actual que entorpecen nuestra habilidad para relacionarnos con otras personas, la relación en forma de verdadero compañerismo fluirá de forma tan natural como lo hace el agua por un arroyo.

Entonces, ¿cómo encaja todo esto en la búsqueda de significado? Bueno, como he dicho, nuestra relación con los demás será tal que nadie será, ni siquiera se sentirá, insignificante. Pero eso es sólo el principio de la historia. Cada vez estoy más convencido de que la razón por la que fuimos diseñados en primer lugar fue para entrar en una relación directa y amorosa con Dios. Sin eso, no creo que sea posible la satisfacción eterna.

Como dice el Salmo 42:1-2: Como el ciervo brama por las corrientes de las aguas, así clama por ti, oh Dios, el alma mía. Mi alma tiene sed de Dios, del Dios vivo; ¿Cuándo vendré, y me presentaré delante de Dios?.

En Hebreos 1:3 se figura que Jesús es siendo el resplandor de su gloria, y la imagen misma de su sustancia. Luego, en 1 Juan, se figura: Cuando Cristo se manifieste, seremos semejantes a él (3:2) y ¡Debemos ser llamados hijos de Dios! (3:1).

Esta relación con Dios es nuestro destino último, la razón principal por la que fuimos creados y la respuesta final a por qué nunca nos aburriremos en la eternidad. Este es el núcleo de significado que nunca puede volverse tedioso. El Nuevo Testamento tiene extensas descripciones sobre cómo Cristo es la cabeza, y nosotros somos el cuerpo. Cristo es la piedra angular, y nosotros somos el resto del templo de Dios. En 1 Corintios 3:21-23 se figura: Todo es vuestro... y vosotros sois de Cristo, y Cristo es de Dios.

Una vez que estemos enchufados a Cristo, nuestro punto de anclaje, y Él, plenamente iluminado, al Padre, sabremos lo que es estar completos y contentos. Se acabó el buscar sustitutos. La bombilla habrá encontrado por fin el casquillo, se habrá colocado en su sitio y se habrá encendido fulgurantemente, para no volver a apagarse jamás. Nos daremos cuenta de nuestra importancia sin medida en nuestra relación con Dios. para que habite Cristo por la fe en vuestros corazones, a fin de que, arraigados y cimentados en amor, seáis plenamente capaces de comprender con todos los santos cuál sea la anchura, la longitud, la profundidad y la altura, y de conocer el amor de Cristo, que excede a todo conocimiento, para que seáis llenos de toda la plenitud de Dios (Efesios 3:17-19).

¿Qué aspecto tendrá este flujo de energía del Espíritu? Para vislumbrarlo brevemente, creo que es útil considerar los atributos de Dios. Dios es más que eterno. Dios es vida. Recordemos la analogía sobre el DVD y el que lo creó. Dios existe fuera de los límites del tiempo. No puede envejecer. La Biblia atestigua que Jesús transmitió el Espíritu de Dios y que nosotros somos semejantes a Él y en Él. Sería imposible que envejeciéramos, que no tuviéramos vida eterna cuando somos igualmente los vasos llenos de ese Espíritu.

Él es el autor del amor. En Gálatas 5:22, el primer aspecto del fruto del Espíritu que se enumera es el amor. Ser el conducto de ese tipo de amor está más allá de mi imaginación. Utilizando un mecanismo empleado con frecuencia por Dios, quizá podamos hacernos una ligera idea de lo que es estar plenamente encarnado por el Espíritu Santo o integrado en él. Me gustaría que consideraran un sueño que tuve una vez. En la escena inicial, un hombre se encontraba solo en un gran auditorio sutilmente iluminado por el sol. Había paneles de madera oscura y hermosa. Todo estaba tranquilo y quieto. El hombre empezó a cantar. La primera nota era fuerte y pura, como un timbre bien tocado. A medida que continuaba, ocurrió algo de lo más inusual: su cuerpo empezó a resonar con el sonido. Para entender lo que digo, considere un violín Stradivarius. Imagine lo que sería ser ese instrumento en manos de un músico maestro, sentir la música reverberando por todo su ser. La música no tiene que ver con el instrumento, sino que el instrumento tiene que ver por completo con la música. Fue increíblemente estimulante, y lo que ocurrió a continuación fue igual de curioso.

Toda la sala comenzó también a resonar con el sonido. Todo estaba en perfecta sintonía. Era una música que estoy segura de que no volveré a oír a este lado del cielo. Entonces me desperté, conmovido hasta el punto de que se me formaron lágrimas en los ojos.

Hay dos cosas que aún no le he contado. La música que oí consistía en una nota persistente y la letra de una palabra sostenida. Esa palabra era alegría. Lo que el hombre, lo que yo había experimentado, era la esencia de la alegría. Creo que se me dio un anticipo musical de la comunión con el Espíritu. No se trata de hablar con la naturaleza de Dios, sino de ser habitado por ella.

Si este ejemplo tiene algún sentido para usted, considere de nuevo cómo sería estar integrado con Dios a través de Cristo y, por tanto, del Espíritu. Transmitiremos y recibiremos simultáneamente, unos a través de otros y de vuelta a Dios, sus atributos como el amor, la santidad, la paz y, por supuesto, la alegría. Tener esa intimidad será la máxima comunión. Estoy deseando experimentar la risa de Dios.

Como he referido, Él es la fuente de la verdadera luz. ¿Qué será saber que dondequiera que miremos, ya sea fuera o (lo que es aún más importante para mis perspectivas de poder encontrar un santuario en la eternidad) dentro de nosotros mismos, no tendremos miedo de encontrar sombra? Entonces encontraremos la paz perfecta, el descanso perfecto y la satisfacción, el hogar por fin. Tal vez, si se me concede tiempo para hacerlo mientras sigo en este caparazón, vuelva a escribir específicamente para explorar los atributos de Dios y cómo podrían relacionarse con nosotros dado este esquema. Por ahora, dejaré que baste con que, como me esforcé en describir anteriormente en el libro, Él está más allá de todas las dimensiones. Él es literal y absolutamente insondable: no hay final para Su profundidad.

Entonces, ¿cómo hice yo, y cómo podría hacer usted, para procurarse este tipo de eternidad? Hacerlo debe ser increíblemente complejo y difícil, ¿verdad? Cuando se trata de acceder a Dios, algunas personas intentan que parezca mucho más complicado de lo que es. Todo lo que se requiere es darse cuenta de que Dios le ama hasta un punto increíble, que desea -y, de hecho, suplica- que entre en sus brazos, y que Él y su Hijo y el Espíritu han proporcionado la única vía posible para dejarle hacer de usted su hijo amado. Una vez hecho esto, simplemente y con acción de gracias, hable con Dios y reconozca su incumplimiento de Su ley moral (es decir, su naturaleza pecaminosa y los consiguientes actos de pecado).

Pida Su incomparable don de la salvación, reconociendo que Jesús ha pagado sus consecuencias. Acéptelo, pidiéndole encarecidamente que guíe su camino ahora y siempre. Eso es todo. Bienvenido a la familia. La eternidad en el cielo simplemente por pedirla. Si no fuera cierto, sería demasiado bueno para ser verdad. En Mateo 7:8 Jesús dijo: Porque todo aquel que pide, recibe; y el que busca, halla; y al que llama, se le abrirá.

En Mateo 11:28-30 la invitación es: Venid a mí todos los que estáis trabajados y cargados, y yo os haré descansar. Llevad mi yugo sobre vosotros, y aprended de mí, que soy manso y humilde de corazón; y hallaréis descanso para vuestras almas; porque mi yugo es fácil, y ligera mi carga.

Juan 6:37 dice: Todo lo que el Padre me da, vendrá a mí; y al que a mí viene, no le echo fuera.

Finalmente, Juan 10:28-30 nos dice: y yo les doy vida eterna; y no perecerán jamás, ni nadie las arrebatará de mi mano. Mi Padre que me las dio, es mayor que todos, y nadie las puede arrebatar de la mano de mi Padre. Yo y el Padre uno somos.

No soy yo quien le da estas seguridades; es Aquel que le

ama lo suficiente como para haber pagado el precio por usted. Hay otro paso que le animo encarecidamente a dar si ha decidido aprovechar este asombroso regalo. Como ha leído más arriba, la realidad de la eternidad se basa en la relación con Dios y después con los demás.

Poco después de hablar con Dios, cuéntele su decisión a alguien que sea cristiano. Si le miran con la mirada perdida, considere la posibilidad de que esa persona no sepa realmente de lo que está hablando y, de hecho, puede que no sea cristiana. Proceda directamente a contárselo a otra persona.

Por otro lado, si se les ilumina la cara y esbozan una gran sonrisa y dicen algo como: ¡Sí! ¡He estado orando por usted durante años! e inmediatamente quieren orar con usted, dando gracias por usted, lo más probable es que sean cristianos. Por favor, no se ofenda si le dicen algo de esa naturaleza. No implica que hasta ese momento la persona le viera como un pagano despreciable, de algún modo no adecuado para estar en su santa presencia. Muy al contrario, un cristiano que realmente se da cuenta de su fe ya ha tenido la experiencia de estar donde usted se encuentra. Él o ella ha reconocido previamente que tiene multitud de defectos, imperfecciones y carencias. Esa persona ya se ha dado cuenta de que no tiene ninguna base para presentarse ante un Dios santo sin esa única intervención de Dios encarnado como hombre para hacerlo posible.

Busque que esa persona se emocione genuinamente por su paso de la muerte segura a la vida eterna. No se sorprenda si hay algunas lágrimas de alegría. Por mi experiencia personal, puedo decirle que es como si mi corazón, algo encallecido, se sumergiera de repente en una tina de ablandador de carne. La persona que le responda de esta manera probablemente pueda ponerle en contacto con un grupo de creyentes que puedan ayudarle a aprender más sobre este increíble viaje. No tardará en descubrir que, aunque Dios le considera ahora perfecto por Cristo, usted es un diamante en bruto. Esa familia de creyentes le guiará, animará y apoyará, apuntalándole cuando empiece a crecer recto y alto.

También es de extrema importancia que deje que Dios mismo le guíe, y la mejor manera de hacerlo es empezar a leer regularmente Su Palabra, la Biblia. Por mi parte, recuerdo que me sirvió de mucho empezar por el libro de Juan, donde creo que descubrirá que muchos de los conceptos que he tratado en este libro afloran rápidamente.

Una nota de advertencia: al igual que usted, ni siquiera los creyentes mucho más establecidos son todavía perfectos. Sólo hay un cristiano perfecto en esta vida, y su nombre es Jesús. Si alguien le dice algo diferente, considere a esa persona una fuente poco fiable. Soy en gran medida un trabajo en progreso, como podría saber fácilmente hablando con mi esposa, hijos, hermanos, familia política, amigos, compañeros de trabajo, pacientes, nuestro consejero matrimonial (¡Larry, arréglame!), pastores, o incluso el tipo que hoy me ha mirado de reojo mientras viajaba por la autopista. (Esta vez me he abstenido de responderle con la misma moneda).

Eso me lleva a unas palabras sobre un tema de suma importancia para Dios: el perdón y la misericordia. Acabamos de contemplar el increíble abismo que existe entre la Santidad de Dios y nuestra falta de ella. Una vez que comprendemos cuánto amor y perdón ha mostrado Dios, debería motivarnos a extender el amor y el perdón a los demás. ¿Necesita usted perdonar a alguien siquiera una pequeña fracción de lo que Dios le ha perdonado a usted?

En Mateo 2:7, Jesús muestra la importancia del perdón citando a Oseas 6:6, que debe figurar: Porque misericordia quiero, y no sacrificio. Ilustraré este punto mediante una parábola que Jesús cuenta en Mateo 25:14-30. Si dispone de una Biblia, tómese un momento para familiarizarse con el texto. Aquellos a quienes Dios coloca en nuestras vidas son como sacos de plata sin refinar. Cuanto más cerca nos ha colocado Él el tesoro en bruto, mayor es la responsabilidad que tenemos para con él. Así, nuestros padres, hermanos, cónyuges e hijos están en un determinado nivel de responsabilidad, nuestros amigos y conocidos en otro, y luego menos para las personas más distantes. Sin embargo, por muy alejados que estemos, seguimos teniendo cierta responsabilidad por el resto de la humanidad.

Dios ha tenido a bien otorgarnos un poder increíble, buscado por hechiceros y hombres sabios durante eones. Se llama alquimia. Es la habilidad de cambiar un elemento en otro. Ejercemos este poder con herramientas especiales que Dios nos ha dado: el fuego inextinguible del amor, el crisol del perdón y la aleación de la misericordia. Si tomamos la plata en bruto y la vertemos en el cuenco del perdón, la calentamos con el fuego del amor y luego añadimos la aleación esencial de la misericordia, ayudaremos al Maestro Metalúrgico a transmutar la plata adulterada en el oro más puro. Participaremos en la creación de espíritus vivos, vibrantes y llenos de paz, armonía y amor por Dios y por los demás.

Pero procedamos con cautela. Si no utilizamos esas medidas reteniéndolas, o peor aún, utilizamos otras herramientas como el fuego de la ira, el cuenco de la venganza y la aleación de la auto-justicia, convertiremos esa plata en plomo. Se nos hará responsables de producir espíritus llenos de dolor, ensimismados, odiosos y fríos hacia Dios y el hombre. Finalmente, todos nosotros tendremos que devolver a Dios el Tesoro que confió a nuestro cuidado. En ese momento, aquellos que se comprometieron con Cristo como su Salvador y Señor serán separados de aquellos que son cristianos sólo de nombre, aquellos que no están dispuestos a seguir verdaderamente Su ejemplo. El libro de Santiago tiene mucho que decir sobre la misericordia y el verdadero comportamiento cristiano. Santiago 2:17 da a entender que la fe por sí misma, si no va acompañada de la acción, es plomo.

Mientras colgaba de la cruz muriendo por nuestras transgresiones, Jesús nos dio el ejemplo definitivo cuando dijo: Padre, perdónalos, porque no saben lo que hacen (Lucas 23:34). ¿Qué habrá en las maletas que usted devuelva al Maestro? Si ha aceptado

Su oferta y provisión de perdón, entonces dé gracias a Dios y obedezca Su voluntad: perdone libremente.

Dese cuenta de que habrá momentos en los que, aunque usted sea cristiano, caerá. Dese cuenta además de que sigue siendo hijo de Dios, y si desea honestamente el perdón y la ayuda, Dios estará ahí para volver a tomarle. Según mi experiencia, cuanto más a menudo caigo, más fácil me resulta poner en duda incluso mi salvación. Es entonces cuando más necesito un ancla espiritual y bíblica. Me fijo en tres grupos de versículos. Estos dos versículos de Romanos me recuerdan que mi salvación no depende de mis esfuerzos por ser santo, sino que depende totalmente de la obra acabada de Dios mediante la propiciación de Cristo en mi favor:

Ahora, pues, ninguna condenación hay para los que están en Cristo Jesús, los que no andan conforme a la carne, sino conforme al Espíritu. Porque la ley del Espíritu de vida en Cristo Jesús me ha librado de la ley del pecado y de la muerte.
ROMANOS 8:1-2

¿Quién acusará a los escogidos de Dios? Dios es el que justifica.
ROMANOS 8:33

Esos versículos pueden satisfacer al intelecto, pero el corazón puede seguir encadenado a la carga. Por eso Hebreos 10:22 es esencial para que obtenga la paz en esas situaciones: Acerquémonos con corazón sincero, en plena certidumbre de fe, purificados los corazones de mala conciencia, y lavados los cuerpos con agua pura. Observe que tener nuestros corazones rociados no se refiere a limpiarnos del pecado per se; eso ya se logró como se indicó anteriormente. En cambio, actúa para limpiar la conciencia culpable, esa voz acusadora que aún ataría la emoción en la esclavitud de la culpa. Le animo a que memorice este versículo y lo utilice en esas pruebas para encontrar descanso para su alma.

Probablemente se dará cuenta de que quiere contar a los demás su decisión. Es difícil no hablar de lo que nos entusiasma. Mi cuñada, Susie, lo ilustró de niña cuando, al acercarse el 25 de diciembre, le soltó a su padre: Papá, ¡nunca adivinarás de qué color son los pantalones marrones que te van a regalar por Navidad!.

Una vez me dijeron que un buen ensayo debería ser como una buena minifalda: lo bastante largo para cubrir lo esencial pero lo bastante corto para mantener el interés. Espero no haber violado ese precepto con este libro. Mi deseo es que el libro le haya ayudado a adquirir una nueva comprensión y aprecio de la fe cristiana en general y de la importancia de cultivar una perspectiva eterna de nuestra existencia, que le ayude a enfrentarse a las pruebas, las tentaciones y el tedio de esta vida.

El apóstol Pablo fue encarcelado varias veces, condenado cinco veces a treinta y nueve latigazos, golpeado con varas tres veces, apedreado una vez y dado por muerto, y naufragó tres veces. Conoció el peligro, el hambre, la sed, la desnudez y el frío. Según la tradición eclesiástica, finalmente fue martirizado por su fe. Sin embargo, debió de dominar esta perspectiva eterna. En 2 Corintios 4:17-18 escribió: Porque esta leve tribulación momentánea produce en nosotros un cada vez más excelente y eterno peso de gloria; no mirando nosotros las cosas que se ven, sino las que no se ven; pues las cosas que se ven son temporales, pero las que no se ven son eternas. Problemas ligeros y. momentáneos, en efecto. Oro para que usted y yo seamos capaces de captar y utilizar esta misma verdad.

Para terminar, Jesús dijo una vez que el mayor de los mandamientos es amar a Dios con todo el corazón, la fuerza, la mente y el espíritu, y al prójimo como a uno mismo. Una vez que estamos irrevocablemente unidos al Creador de esta manera y Su Espíritu está surgiendo a través de nuestro ser, el resultado natural, ineludible, es que fluye a través de nosotros y hacia los demás. Me parece que Jesús no sólo hablaba de una buena manera de llevar nuestra vida aquí, sino que aludía a la realidad eterna que aguarda a todos los que entran en su reino. Una vez uno de mis mentores me figuró que era posible que existiéramos sólo como pensamientos en la mente de Dios. Confieso que en aquel momento esto me pareció más que un poco abstracto. Sin embargo, como ahora he tenido tiempo suficiente para digerirlo más a fondo, he llegado a apreciar lo poco abstracta que puede ser esa afirmación. No creo que haya mucha diferencia si consideramos un acontecimiento espontáneo secular o un escenario de creación monoteísta. El hecho sigue siendo que la energía llegó a existir, es decir, fue creada (causalidad). Además, considero al menos tan lógico contemplar que algo pueda desaparecer en la nada como entretener la idea de que algo pueda surgir de la nada. (Hasta aquí la primera ley de la termodinámica que rige este universo.) Así pues, si la creación de esa energía primigenia es posible, en esa misma escala razonaría que la des-creación es plausible. La relatividad nos dice que ni el tiempo ni la dimensionalidad física son absolutos. La mecánica cuántica figura que hay un tamaño mínimo, la longitud de Planck, por debajo del cual nada puede existir en este universo, salvo como probabilidad. Así pues, mis pensamientos sobre lo que es real se reducen a lo único que queda, lo único que existe fuera e independientemente del espacio-tiempo/la creación: Dios. Se nos dice en Juan 4:24, Salmo 51:11 y otros lugares que Dios es espíritu. Dios es la realidad última. Por lo tanto, el reino espiritual hace que nuestro universo sea ilusorio en comparación. Él pensó (quiso) que nuestro cosmos existiera. Como Él está fuera del espacio-tiempo, y por lo tanto no está sujeto a él, también lo están Sus pensamientos. De hecho, Sus pensamientos definen lo que es nuestra realidad.

Espero con impaciencia ese lugar llamado cielo, donde por fin podré ser yo y usted será quien estaba destinado a ser. No experimentaremos en absoluto el aburrimiento. Sabremos lo que es estar por fin en casa, disfrutando de la Luz. Entonces nos daremos cuenta de la paz perfecta, llenos de una alegría ilimitada e interminable, significativa de la mejor manera posible en virtud de nuestra relación con nuestro Creador y entre nosotros. Que Dios le bendiga en su viaje. Mi oración por usted tiene varios milenios de antigüedad y se encuentra en Números 6:24-26: Jehová te bendiga y te guarde; Jehová haga resplandecer su rostro sobre ti y tenga de ti misericordia; Jehová alce sobre ti su rostro, y ponga en ti paz.

EPÍLOGO

Doy las gracias a todos los que me han animado a escribir este pequeño libro. Mi más sincero agradecimiento a todos los que me han apoyado, han orado por mí, se han hecho amigos míos, me han soportado y, a menudo, me han perdonado cuando he tropezado en este viaje.

Doy las gracias a mis padres, mis hermanos, mis hijos y mi familia política, mis amigos de la infancia y de la edad adulta y, en particular, a mi esposa. Cada uno de ellos me ha dado una idea de lo que significa ser importante para ellos y amado incondicionalmente.

Mi agradecimiento a mi editora principal, Sue Miholer, que transformó muchas de mis páginas de párrafos en páginas de párrafos. También hago extensivo mi agradecimiento a mi editor, que tuvo la gentileza de considerar la publicación de una escritora desconocida y me ayudó a crear frases comprensibles y a reducir el despilfarro. Asimismo, mi agradecimiento a mis pacientes que me han confiado el cuidado y el bienestar de sus seres queridos durante las últimas décadas. Gran parte de lo que he escrito pretendía complementar las cosas de las que me hubiera gustado tener tiempo para hablar durante esas frenéticas citas en la consulta.

Doy las gracias a mi profesora de inglés de séptimo curso, la Sra. Fischer, quien, tras leer uno de mis ensayos y reírse entre dientes, me llevó aparte y me dijo que debería plantearme hacer algo con la escritura cuando creciera. Fui un poco lenta, pero a los setenta años, supongo que ya soy casi mayor.

Por encima de todo, mi agradecimiento va a mi Señor y Salvador, que me amó lo suficiente como para pagar mi rescate a su gran costa y que, en su misericordia, me ha concedido algún pequeño destello de su gloria y, con suerte, algún pequeño papel para que otros conozcan su gran amor por ellos.

ANEXO A

TIEMPO, DIMENSIONES Y DIOS; LA PERSPECTIVA DE UN MATEMÁTICO

Soy consciente de que, para algunos lectores, mi tratado puede parecer excesivamente simplificado y no merecedor de ninguna consideración intelectual. Para aquellos de ustedes que necesiten más capacidad académica para estimular sus ágiles cerebros (después de todo, ¡un burro no es ni siquiera un caballo de vapor!) he dispuesto, con su permiso, incluir un fragmento de un escrito más erudito de otro autor, que responde al nom de plume de A. B. Christian. Es el hombre más inteligente y la mitad de la pareja más inteligente y culta que he conocido.

Más o menos en la época en que yo me sentí impulsado a escribir este libro, él sentía, sin que yo lo supiera, una compulsión similar por abordar los retos que podría encontrar el lector cristiano joven-adulto, especialmente los que se dirigen a la escolarización más allá de los primeros doce años obligatorios. Tituló su obra Una defensa del peregrino. En ella se enfrentan a desafíos a la fe cristiana que van desde la ciencia y su impacto en nuestra fe, hasta los argumentos a favor y en contra de la existencia de Dios, pasando por la historicidad de la Biblia y de Jesús en particular. Incluye minuciosos apéndices y una extensa bibliografía. Que haya individuos del calibre erudito de estas personas que encuentren tanta validez en la fe cristiana como yo, me sirve de gran estímulo.

Tras leer puntualmente mi capítulo, mi a veces mentor me ofreció las siguientes reflexiones. En deferencia a mi persona, él ha simplificado sus pensamientos sobre el tema y ha omitido todas las construcciones matemáticas excepto las más básicas. Si encuentra lo que sigue más acorde con su nivel de apetito escolástico, le animo encarecidamente a que busque su libro, disponible en Amazon.com.

Como dijo Agustín, el tiempo es un concepto difícil. Continuó señalando que el concepto de tiempo parece requerir el concepto de movimiento: sin movimiento, no hay tiempo. Quince siglos más tarde, Hermann Minkowski fue el primero en pensar en el tiempo y en nuestras tres dimensiones espaciales como cuatro dimensiones iguales regidas por las leyes de la relatividad especial. Minkowski desarrolló las matemáticas necesarias para describirlas como un colector de cuatro dimensiones (en tres dimensiones podría considerarse como una caja). Si utilizamos la idea de Spinoza de que solo hay dos dimensiones en nuestro mundo, extensión y duración, ahora llamadas espacio y tiempo, podemos dibujar un diagrama de Minkowski del mundo como:

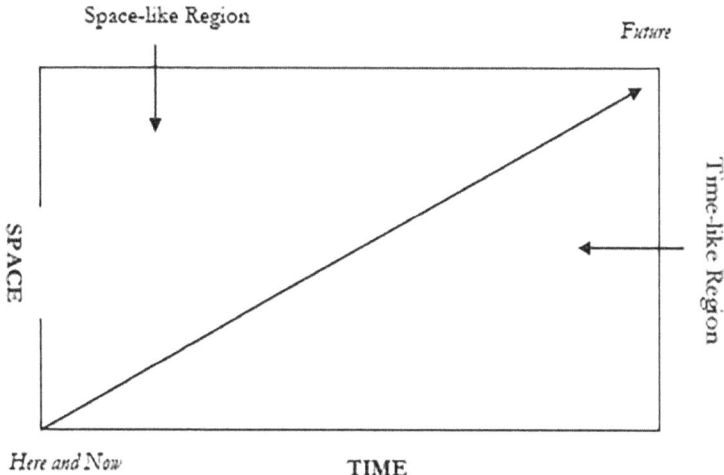

En este diagrama, las unidades se han elegido de forma que la velocidad de la luz sea una unidad. El origen en el diagrama representa el aquí y ahora. La flecha que parte del origen en un ángulo de treinta y ocho grados representa la trayectoria de la luz (un fotón). Una línea (trayectoria) que parte del origen y se desplaza hacia la derecha se denomina semejante al tiempo si permanece por debajo de la diagonal y semejante al espacio si permanece por encima de la diagonal. La vida de cada persona está representada por una línea garabateada muy pequeña que se mueve de izquierda a derecha, su línea del mundo, en el triángulo inferior del diagrama. No es posible que la línea del mundo o cualquier otra trayectoria realizable cruce la diagonal, ya que ello implicaría una velocidad superior a la de la luz en el vacío.

El diagrama de Minkowski no puede aplicarse directamente al caso de la Relatividad General. Hay varias razones para ello, una es que el espacio no es probablemente lo que los matemáticos llaman simplemente conectado. En términos más sencillos, hay agujeros en el espacio. Los físicos han escrito sobre agujeros negros, agujeros blancos y agujeros de gusano. En el diagrama, parecería que podría trazarse un camino en el tiempo desde cualquier punto del triángulo inferior a cualquier otro, siempre que no cruce la diagonal. Pero una trayectoria en el espacio-tiempo (término de Minkowski) no puede atravesar tales agujeros. Sin embargo, los físicos matemáticos han ideado diagramas análogos, pero más complicados, para representar el mundo como un diagrama bidimensional: se parece un poco a un tablero de damas al que le faltan todos los cuadrados de un mismo color. Lo importante es que no hay movimiento en ninguno de estos diagramas. Un diagrama tipo Minkowski no es una imagen en movimiento de lo que ocurre momento a momento, sino que es una imagen estática del mundo entero (universo) desde el origen (big bang, Génesis) hasta el futuro (fin de los tiempos, Apocalipsis).

Las ecuaciones de Einstein describen lo que conocemos por un mundo (universo) dominado por la fuerza de la gravedad. Este mundo tiene cuatro dimensiones, tres espaciales y una temporal. Ha habido algunas soluciones exitosas de estas ecuaciones, empezando por las tres soluciones de Friedmann en 1924, el año antes de morir, (a) la edad de 37 años.

Gödel descubrió más tarde una solución en la que un camino realizable en el espacio-tiempo tenía la forma de un bucle, es decir, en el que sería posible viajar en el tiempo al pasado. Esta solución particular no describía nuestro universo, pero el hecho de que tal solución de las ecuaciones de Einstein fuera posible implica o bien que 1) el viaje en el tiempo es posible; o 2) las ecuaciones de Einstein no son la descripción definitiva de la realidad. Probablemente la mayoría de la gente piensa que el viaje en el tiempo no es posible, ya que existen muchas contradicciones bien conocidas y no se conocen soluciones para evitarlas. Esto significa también, pensamos, que el concepto de tiempo de los físicos no es la última palabra sobre el concepto de tiempo.

Quizá el camino a seguir sea añadir dimensiones. Spinoza, en su Ética, demostró que Dios existe en un número infinito de dimensiones -¿por qué limitarle? La teoría de cuerdas necesita once dimensiones, una temporal y las otras espaciales. ¿Por qué no añadir más dimensiones para acomodar conceptos como mente, alma, espíritu, etc., y también para acomodar conceptos como tiempo psicológico (del tipo ilustrado por la historia de la bicicleta)? Es decir, en lugar de avanzar a n dimensiones espaciales y una dimensión temporal, podríamos avanzar a n dimensiones espaciales y m dimensiones temporales.

Antes de continuar, sin embargo, veamos un caso que implica menos dimensiones. En 1884, Edwin A. Abbott, utilizando el seudónimo A. Square, escribió un libro titulado Flatland. Este libro describía un mundo con dos dimensiones espaciales y una dimensión temporal. Los habitantes de Flatland tenían la forma de polígonos de n lados. La clase más baja estaba formada por ciudadanos triangulares, y cuanto más alta era la clase, mayor era la n, de modo que la nobleza se aproximaba a una forma circular. Los polígonos regulares se consideraban superiores a los demás. El episodio relevante se refiere a una esfera, situada inicialmente sobre el plano de Flatland. Un día, la esfera comenzó a descender lentamente hasta intersectar Flatland. Al principio, los habitantes de Flatland se asombraron ante la repentina aparición de un bebé perfecto, es decir, un círculo pequeño y perfecto. Se agolparon alrededor para mirar y admirar, pero a medida que la esfera descendía más, tuvieron que retroceder y seguir retrocediendo para mantenerse fuera del camino del círculo. Pero entonces, este ser perfecto, como nunca se había visto en Flatland, empezó a encogerse a medida que la esfera seguía descendiendo, hasta que por fin el círculo se convirtió en un punto y luego desapareció. Los habitantes de Flatland no tenían ni idea de lo que había ocurrido.

Recordemos de la escuela primaria o secundaria, que para un punto (x,y) en un plano, el cuadrado de la distancia desde el origen (0,0) a ese punto viene dado por:

$$d^2 = x^2 + y^2$$

Que no es más que el teorema de Pitágoras. Se puede generalizar a la distancia entre dos puntos por las diferencias, es decir, utilizando (x - x)2 en lugar de x2, y así sucesivamente. También se puede generalizar a un punto en tres dimensiones (x,y,z), en cuyo caso el cuadrado de la distancia al origen es:

$$d^2 = x^2 + y^2 + z^2$$

Y a cuatro dimensiones (w,x,y,z), en cuyo caso el cuadrado de la distancia al origen es:

$$d^2 = w^2 + x^2 + y^2 + z^2$$

Todas estas ecuaciones suponen que la geometría es euclidiana y que las dimensiones son espaciales. ¿Qué ocurre con el tiempo como dimensión? A menudo damos las distancias en términos de tiempo y no de espacio; por ejemplo, podemos decir vivimos a diez minutos de la iglesia o vivimos a tres millas de la iglesia. ¿Significa esto que el tiempo puede considerarse una dimensión más, en pie de igualdad con las otras tres? Para responder a esto, tenemos que volver a Minkowski. Minkowski fue colega de Einstein y le enseñó gran parte de las matemáticas necesarias para las dos teorías de la relatividad. Para la relatividad especial, Minkowski derivó la siguiente ecuación para la distancia, ahora llamada por los físicos el intervalo espacio-tiempo, desde el origen hasta un punto, ahora denominado por los físicos un suceso (x,y,z,t):

$$d^2 = x^2 + y^2 + z^2 - (ct)^2$$

Donde c es la velocidad de la luz en el vacío, a menudo se normaliza eligiendo unidades tales que c=1. Esta ecuación de distancia, llamada métrica de Minkowski, se derivó del requisito de que el intervalo espaciotemporal entre dos sucesos debe permanecer igual bajo una rotación de los ejes; esta invariancia era un requisito de la Relatividad Especial. La métrica de Minkowski es bastante diferente de las ecuaciones anteriores. En particular, la distancia entre dos sucesos separados tanto en el espacio como en el tiempo, podría, debido al signo menos de la ecuación, ser cero o incluso un número negativo.

Terminamos esta digresión observando que esto ha sido hasta ahora sólo matemáticas; si la métrica de Minkowski puede aplicarse o no es otra cuestión, una cuestión para los físicos. El caso de la Relatividad Especial ha sido probado, y la métrica de Minkowski ha sido confirmada. Para la Relatividad General, de la que la Relatividad Especial es un caso especial, la métrica de Minkowski es una buena aproximación cuando el campo gravitatorio es muy débil, pero no se mantiene si la línea del mundo pasa cerca de objetos masivos como estrellas o galaxias.

No hemos ofrecido una definición del tiempo, ni vamos a hacerlo, pero podemos concluir que el tiempo es diferente, muy diferente, del espacio. Esta diferencia se manifiesta principalmente con el signo menos en la ecuación. Quizá alguien encuentre algún día la forma de generalizar la métrica de Minkowski para manejar n dimensiones similares al espacio y m dimensiones similares al tiempo, con la distinción entre los dos tipos simplemente indicada por el signo delante de las dimensiones normalizadas.

En nuestro caso, sugerimos que la realidad consta de más del número normalizado de dimensiones, y que algunas de las nuevas dimensiones son similares al tiempo. Esto resolvería varios problemas:

- Teofanías. Esto explicaría cómo, en el Antiguo Testamento, Dios aparece de repente, como si acabara de salir de detrás de una cortina. En cambio, de forma algo análoga a la esfera en Flatland, una forma humana tridimensional asumida por Dios simplemente aparecería en (sería proyectada en) nuestras tres dimensiones espaciales.

- El problema de la continuidad para el alma Cuando una persona muere, es muy posible que su cuerpo se descomponga y que las moléculas individuales se dispersen por el mundo. Dios va a dotar a todos los creyentes de un cuerpo para la resurrección, pero ¿qué pasa con el alma: cómo obtiene el nuevo cuerpo el alma antigua correcta? Si hay un cuerpo nuevo y un alma nueva, ¿cómo puede tratarse de la misma persona? Si el alma antigua anima al cuerpo nuevo tras la muerte del antiguo, ¿obvia esto la resurrección y el juicio? No hay problema si la persona original ocupaba más de cuatro dimensiones, con una nueva dimensión espacial que contenga el alma y siga existiendo tras la muerte del cuerpo asociado hasta que sea necesario.

- El problema mente-cuerpo El cerebro físico es el sustrato del pensamiento y la memoria, pero nadie ha sido capaz de localizar esos atributos en ninguna parte del cerebro ni de ninguna otra parte del cuerpo; en particular, nadie ha descubierto la ubicación de la memoria a largo plazo de una persona. Quizá los recuerdos se encuentren en porciones de otra dimensión espacial asociada al cuerpo tridimensional estándar.

- La aparente dilatación del tiempo durante algunos acontecimientos. Tal vez el tiempo psicológico se encuentre en una dimensión similar al tiempo independiente de la del tiempo de los físicos.

- Los ángeles. En la Biblia, los ángeles, incluido Satanás, parecen a menudo incapaces de prever el futuro. Quizá experimentan nuestra dimensión temporal, de modo que Dios, pero no los ángeles, puede ver nuestro mundo como algo análogo a un diagrama de Minkowski. Del mismo modo, los ángeles no pueden leer nuestros pensamientos; Dios, pero no los ángeles, tiene acceso a la dimensión o dimensiones en las que se almacenan nuestros pensamientos.

- El cielo. El cielo puede ocupar una o más dimensiones (de ambos tipos), probablemente sin incluir nuestra única dimensión similar al tiempo, pero posiblemente incluyendo nuestras tres dimensiones similares al espacio. Por lo tanto, la eternidad está fuera del tiempo tal y como lo conocemos, y puede ser más grande y diferente de lo que podemos imaginar, siendo nuestras cuatro dimensiones actuales demasiado pocas para ser interesantes en el más allá.

- Dios. Aunque Dios está fuera del tiempo tal y como lo conocemos, podría, como está escrito en toda la Biblia, interactuar con él. Al igual que los habitantes de Flatland no podían comprender la esfera, nosotros tampoco comprendemos, y probablemente no podamos, los detalles de cómo podría hacerlo.

Este enfoque no debe considerarse como panteísmo, ya que todas estas dimensiones podrían existir como pensamientos en la mente de Dios.

Esta teoría sería algo así como la versión del empirismo del obispo Berkeley. (Nada existe a menos que esté siendo observado -esse est percepi-, pero Dios siempre está observando el mundo, así que no tenemos que preocuparnos de que los objetos aparezcan y desaparezcan arbitrariamente). Esto es constante con muchos científicos que llegan a la conclusión de que la sustancia fundamental del mundo no es la materia, sino la mente.

Sin embargo, esta solución propuesta tiene un problema muy grave. Actualmente no hay forma de demostrar cómo una nueva dimensión podría interactuar con las antiguas sin ser detectada por los físicos experimentales, es decir, detectando una transferencia de energía de la nueva a la antigua y viceversa. Este problema ha sido reconocido desde hace tiempo para el caso del problema mente-cuerpo. Descartes postuló que el cuerpo y el alma eran dos entidades separadas, dos tipos diferentes de sustancia, que funcionaban de forma inexplicable pero coordinada. Esta es una forma fuerte de dualismo filosófico. Puede ser que este problema haya sido resuelto -Descartes dio la mejor defensa posible- o puede ser que el problema no pueda ser resuelto por la misma razón. [Es decir, si usted cree a Descartes, entonces acepta su tesis como válida. Si no le cree, entonces la solución puede ser inalcanzable]. También puede ser que haya espacio para que la energía (información) pase de lo viejo a lo nuevo y viceversa sin ser detectada por los físicos debido a la incertidumbre ontológica inherente a la mecánica cuántica y/o al horizonte extremadamente corto de previsibilidad de ciertos procesos caóticos. ¡Hablando de un dios de las brechas! Por este motivo, creemos que es necesario encontrar alguna otra explicación. Varios trabajos recientes bcd han arrojado dudas sobre la existencia misma de la materia oscura; es posible que haya sido explicada. Quizá la energía buscada pueda proceder de la desconocida oscuridad restante, la energía oscura.

Una posible solución [a las posibles fuentes de energía que podrían facilitar la transferencia de información entre dimensiones] es que la energía requerida puede encontrarse como energía del vacío, la energía contenida en el vacío en todo el espacio. Incluso si se pudieran eliminar todas las partículas y toda la energía electromagnética de un volumen de espacio, ese espacio no estaría vacío. Seguiría habiendo, según Dirac y el principio de incertidumbre de Heisenberg, pares de partículas y antipartículas, y también habría tres tipos de algo llamado campo de punto cero, que es una fluctuación mínima no nula de un campo cuántico. Esta energía del vacío es también candidata a energía oscura, que podría ser entonces la constante cosmológica de la ecuación de Einstein. (También podría ser un candidato para confirmar que existe un universo paralelo cercano, pero ésa es otra historia).

Algunos físicos no están de acuerdo en que ésta pueda ser la constante cosmológica porque el valor de la energía del vacío es demasiado pequeño. Sin embargo, el valor de la energía del vacío aún no ha sido determinado a satisfacción de todos. Existen diferentes formas de definirla y calcularla, y los resultados oscilan entre aproximadamente cero e infinito. El resultado numérico finito más pequeño difiere del más grande en 120 órdenes de magnitud, por ejemplo, en un factor de 10^{120}. La mayoría de los físicos parecen preferir un valor relativamente pequeño, lo que lo eliminaría como candidato a la energía oscura y, quizá, a la constante cosmológica. Sin embargo, sigue siendo probablemente un valor positivo, y nadie sabe cuánta energía se necesitaría para mover información entre dimensiones.

Polkinghorne[e] dijo que los matemáticos se sienten más cómodos con estas dimensiones extra de lo que se sienten los físicos. Puede que sea cierto, pero como ocurre con todo lo relacionado con la física, corresponde a los físicos determinar con precisión qué tiene sentido, qué se puede probar y cómo los resultados podrían distinguir entre las muchas teorías diferentes que se han propuesto.

NOTAS

a. Gödel, Kurt. "A Remark about the Relationship between Relativity Theory and Idealistic Philosophy," in Schilpp, Paul Arthur, ed., *The Library of Living Philosophers, v. VII: Albert Einstein, Philosopher-Scientist, LaSalle, Illinois*: Open Court Publishing Company, 1949.

b. "Astronomers' Doubt About the Dark Side: Errors in Big Bang Data Larger Than Thought?" ScienceDaily.com. 13 June 2010. **http://www.sciencedaily.com//releases/2010/06/10061 3212708.htm**

c. "Vast Structure of Satellite Galaxies Discovered: Do the Milky Way's Companions Spell Trouble for Dark Matter?" ScienceDaily.com. 25 April 2012. **http://www/sciencedaily. com/ releases/2012/04/120425094352. htm**

d. "Serious Blow to Dark Matter: New Study Finds Mysterious Lack of Dark Matter in Sun's Neighborhood." ScienceDaily.com. 18 April 2012. **http://www.sciencedaily. com/ releases/2012/04/120418111923. htm**

e. Polkinghorne, John. *Science and Religion in Quest of Truth.* New Haven, Connecticut: Yale University Press, 2011.

ANEXO B

¿QUIÉN ES REALMENTE EL CULPABLE DE LA MUERTE DE JESÚS?

Parece que durante gran parte de los últimos dos mil años, gran parte de la atención sobre las razones para odiar a los judíos se ha centrado en la supuesta premisa de que ellos asesinaron a Jesús. Me da que pensar qué excusa para odiar a los judíos se utilizaba antes del acontecimiento de la crucifixión en esa colina llamada Gólgota (el lugar de la calavera). No es que la gente necesite muchas excusas para odiar a otra persona. Había una vieja canción grabada por el Kingston Trio llamada Rioting in Africa. La letra figuraba que la mayoría de los grupos de personas odiaban a otros grupos de personas y que a algunas personas simplemente no les gustaba nadie.

De ahí que nos resulte fácil que el blanco odie al negro (y a la inversa), que el chino odie al japonés (y a la inversa), que el bajo odie al alto, que la mujer odie al hombre y que el castor odie al pato (Estado de Oregón y Universidad de Oregón, para los que no sean de mi zona). Hay mucho odio para todos. No es que no haya a veces muy buenas razones para que un grupo odie a otro. ¿Qué esclavo no odiaría al grupo que lo esclavizó, lo golpeó, violó a sus mujeres y asesinó a sus hijos? Los judíos bajo el talón de los faraones durante cuatrocientos años (recuerde que los Estados Unidos de América sólo han existido 246 años hasta ahora) debieron de albergar un rencor excepcionalmente agrio hacia sus amos.

No, el señalamiento de los judíos como objeto de burla no comenzó hace apenas dos mil años. Según Judaism Online, se ofrecen al menos seis explicaciones históricas para esta discriminación; y creo que muchas de ellas pueden remontarse al menos hasta la época de la esclavitud en Egipto.

1. ECONÓMICO- Odiamos a los judíos porque poseen demasiada riqueza y poder.

2. PUEBLO ELEGIDO- Odiamos a los judíos porque afirman arrogantemente que son el pueblo elegido.

3. CHIVO EXPIRATORIO- Los judíos son un grupo conveniente al que señalar y culpar de nuestros problemas.

4. DEICIDA- Odiamos a los judíos porque mataron a Jesús.

5. EXTRAÑOS- Odiamos a los judíos porque son diferentes a nosotros (la aversión a lo diferente).

6. TEORÍA RACIAL- Odiamos a los judíos porque son una raza inferior.

De estas razones expuestas, me atrevería a figurar que la económica y la ajena han sido las que más se han acercado al negro meollo de la cuestión. No muchos de nosotros estamos totalmente libres de los celos del éxito ajeno. Me viene a la mente el poema de Edwin Arlington Robinson Richard Cory.

Si unimos ese tipo de éxito percibido a una exclusividad en la que no se permitía a los no judíos participar plenamente en ese triunfo, tenemos una receta para sentir envidia de una magnitud feroz.

Sin embargo, ni siquiera ése es el verdadero meollo de la cuestión. Para encontrarlo, debemos remontarnos muy atrás, de hecho a Génesis 3:15: Y pondré enemistad entre ti y la mujer, y entre tu simiente y la simiente suya; esta te herirá en la cabeza, y tú le herirás en el calcañar. Satanás ha tenido una maldad insaciable por la humanidad en general y especialmente por los judíos, desde entonces y probablemente antes de esa época. La razón de ello es el conocimiento de que a través del hombre en general y de la descendencia de Abraham y Sara en particular, vendría Aquel que lo derrotaría y destronaría como Príncipe de este mundo.

En Génesis 12:3, donde Dios se dirige a Abram (más tarde

rebautizado Abraham) leemos: Y todos los pueblos de la tierra serán bendecidos por medio de ti (el énfasis es mío). Por supuesto, el diablo no caería sin luchar, pero por la providencia de Dios, su destino estaba sellado. Incluso ahora, a medida que su tiempo se acorta, hará todo lo posible por evitar lo inevitable y, si nada lo impide, llevarse consigo a tantos como pueda.

Por lo tanto, parece que las razones que la gente aduce no son tanto la causa del odio como la excusa para el mismo. En este caso, me pregunto cuántas veces se utilizó la expresión asesino de Cristo como justificación de todo tipo de maldades perpetradas contra los judíos por quienes en realidad ni siquiera eran creyentes en Cristo. Si no son creyentes en la deidad de Cristo, ¿por qué habría de importarles? Por desgracia, sospecho que cientos de personas son asesinadas injustamente cada día, pero nadie parece invocar su desaparición como causa para condenar a todo un linaje de personas.

Por supuesto, no es que siempre hayan sido los no cristianos los que utilizaron la injusta muerte de Jesús como motivo para perseguir a los descendientes de Abraham. Con demasiada frecuencia, los cristianos engañados también fueron culpables. Como he figurado en el capítulo 9, hasta la fecha solo ha habido un cristiano perfecto. Afortunadamente, a medida que crecemos en la fe, nos volvemos más perspicaces acerca de las verdades subyacentes de nuestra fe y de cómo esas verdades deberían influir en nuestra visión del mundo y nos volvemos menos propensos a dejarnos llevar por influencers más temporales que espirituales.

De hecho, no fue hasta la Nostra Aetate 5, ratificada por el Concilio Vaticano II el 28 de octubre de 1965, cuando la Iglesia católica declaró oficialmente que no respaldaba la doctrina de la responsabilidad del pueblo judío en la muerte de Cristo. Dicho esto, veamos de cerca el origen del concepto de complicidad del pueblo judío en el deicidio.

Mateo 26:47-27:44 (escrito en algún momento entre el 60 y el 65 d.C. por Mateo [Leví], un recaudador de impuestos), Marcos 14:1-15:15 (escrito entre el 55 y el 65 d.C. por Juan Marcos, que no era discípulo pero probablemente conocía personalmente a Jesús, según la nota a pie de página de la Nueva Versión Internacional), y

Juan 18: 2- 19:24 (escrito probablemente entre el 85 y el 90 d.C. por Juan el apóstol, hijo de Zebedeo, hermano de Santiago) atestiguan cada uno de ellos que el sanedrín judío tramó y llevó a cabo un plan para matar a Jesús, al tiempo que se ganaba la cooperación a regañadientes del gobierno romano. Cada uno de estos autores era judío. Lucas, de origen no judío (un griego gentil) escribió sobre las mismas circunstancias (alrededor del año 60 d.C.) en Lucas 22:47-23:37. Pero para encontrar la acusación pública más antigua, tenemos que ir al libro de los Hechos (registrado por Lucas entre los años 63 y 70 d.C.).

Cuando llegó el día de Pentecostés, estaban todos unánimes juntos. (Hechos 2:1).

Moraban entonces en Jerusalén judíos, varones piadosos, de todas las naciones bajo el cielo. (Hechos 2:5, el subrayado es mío).

El apóstol Pedro declaró: Varones israelitas, oíd estas palabras: Jesús nazareno, varón aprobado por Dios entre vosotros con las maravillas, prodigios y señales que Dios hizo entre vosotros por medio de él, como vosotros mismos sabéis; a este, entregado por el determinado consejo y anticipado conocimiento de Dios, prendisteis y matasteis por manos de inicuos, crucificándole. (Hechos 2:22-23, el énfasis es mío).

Sepa, pues, ciertísimamente toda la casa de Israel, que a este Jesús a quien vosotros crucificasteis, Dios le ha hecho Señor y Cristo. Al oír esto, se compungieron de corazón, y dijeron a Pedro y a los otros apóstoles: Varones hermanos, ¿qué haremos?

(Hechos 2:36-37, énfasis mío).

Así que, los que recibieron su palabra fueron bautizados; y se añadieron aquel día como tres mil personas. (Hechos 2:41).

De estos pasajes podemos deducir varias cosas. Los judíos en general fueron acusados públicamente de deicidio por primera vez cincuenta y un días después de que Jesús fuera crucificado, y esa acusación verbal provino de un judío. Según las notas a pie de página de la Nueva Versión Internacional de la Biblia, los romanos se infieren en el término hombres impíos, que también se traduce como los que no tienen la ley (es decir, los gentiles). El mensaje fue ampliamente aceptado como válido por los judíos presentes. En conjunto, parece que los judíos fueron, en efecto, directamente responsables de la muerte de Jesús. Sin embargo, una vez que indagamos más allá de esta interpretación superficial, llegamos a una respuesta mucho más sorprendente a la pregunta de quién es en última instancia el culpable de este acto atroz.

Una vez más llamo tu atención sobre el libro del Génesis. En el capítulo 3 leemos un relato de la procedencia del pecado original (un término que aprendí en mi primer año en la escuela parroquial) o la manifestación más temprana de la naturaleza pecaminosa inherente al hombre. Los primeros versículos tienen que ver con el diablo en forma de serpiente que tienta a Eva y, a través de ella, a Adán. El objeto de la tentación es cierto árbol del jardín del Edén que da el fruto del conocimiento del bien y del mal. En el versículo 6 leemos: Cuando la mujer vio que el fruto del árbol era bueno para comer y agradable a la vista, y también deseable para adquirir sabiduría, tomó un poco y lo comió. También dio un poco a su marido, que estaba con ella, y él lo comió.

Ahora algunos de ustedes argumentarán que esta historia debe ser tomada literalmente y otros que es mejor interpretarla alegóricamente. Para los propósitos de este ejercicio, creo que lo importante es que desde el momento en que el hombre llegó al punto de ser capaz de distinguir el bien del mal, lo correcto de lo incorrecto, la voluntad de Dios de la propia del hombre, y eligió de tal manera que se opuso a esa voluntad buena, correcta y piadosa, se configuró una barrera aparentemente infranqueable entre el hombre y Dios (si no entiende esto, le sugiero que relea el capítulo 8 de mi libro). En ese instante, se hizo exigible una factura que tendría que ser pagada en su totalidad antes de que el hombre tuviera alguna esperanza de comunión eterna con Dios. Y Dios, sabiendo esto incluso antes de que sucediera, menciona la solución en Génesis 3:15: Y pondré enemistad entre ti y la mujer, y entre tu simiente y la simiente suya; esta te herirá en la cabeza, y tú le herirás en el calcañar.

Esta es la primera profecía que atestigua la necesidad de alguien que rescate a los que estaban en deuda, el Mesías. Hay muchas más profecías del Antiguo Testamento que tratan de esto: nacimiento en

Belén, nacer de una virgen, ser profeta, entrar triunfante en Jerusalén, ser rechazado por su propio pueblo (los judíos), ser traicionado por uno de sus seguidores, ser juzgado y condenado y callar ante sus acusadores, ser golpeado y escupido por sus enemigos, morir crucificado en compañía de criminales, recibir vinagre y hiel, que otros echen a suertes su ropa, que sus huesos no se rompan, que resucite de entre los muertos y su posición actual a la derecha de Dios. Pero para que comprendamos mejor la naturaleza de la causalidad y la culpa de la muerte de Jesús, debemos centrarnos en los escritos de Isaías, especialmente en la profecía del capítulo 53.

Mas él herido fue por nuestras rebeliones, molido por nuestros pecados; el castigo de nuestra paz fue sobre él, y por su llaga fuimos nosotros curados. Todos nosotros nos descarriamos como ovejas, cada cual se apartó por su camino; mas Jehová cargó en él el pecado de todos nosotros. Angustiado él, y afligido, no abrió su boca; como cordero fue llevado al matadero; y como oveja delante de sus trasquiladores, enmudeció, y no abrió su boca. Por cárcel y por juicio fue quitado; y su generación, ¿quién la contará? Porque fue cortado de la tierra de los vivientes, y por la rebelión de mi pueblo fue herido. Y se dispuso con los impíos su sepultura, mas con los ricos fue en su muerte; aunque nunca hizo maldad, ni hubo engaño en su boca. Con todo eso, Jehová quiso quebrantarlo, sujetándole a padecimiento. Cuando haya puesto su vida en expiación por el pecado, verá linaje, vivirá por largos días, y la voluntad de Jehová será en su mano prosperada. Verá el fruto de la aflicción de su alma, y quedará satisfecho; por su conocimiento justificará mi siervo justo a muchos, y llevará las iniquidades de ellos. Por tanto, yo le daré parte con los grandes, y con los fuertes repartirá despojos; por cuanto derramó su vida hasta la muerte, y fue contado con los pecadores, habiendo él llevado el pecado de muchos, y orado por los transgresores. (Isaías 53:5-12, énfasis mío).

Jesús mismo era plenamente consciente de su propósito y destino al encarnarse. En aras de la brevedad, citaré sólo unos versículos del Evangelio de Mateo para exponer mi punto de vista.

Estando ellos en Galilea, Jesús les dijo: El Hijo del Hombre será entregado en manos de hombres, y le matarán; mas al tercer día resucitará. Y ellos se entristecieron en gran manera (17:22- 23).

He aquí subimos a Jerusalén, y el Hijo del Hombre será entregado a los principales sacerdotes y a los escribas, y le condenarán a muerte; y le entregarán a los gentiles para que le escarnezcan, le azoten, y le crucifiquen; mas al tercer día resucitará. (20:18-19).

Sabéis que dentro de dos días se celebra la pascua, y el Hijo del Hombre será entregado para ser crucificado. (26:2).

Estos pasajes atestiguan que Jesús sabía lo que le esperaba, y esta cita final de Mateo es un resumen de su propósito al permitir que sucediera:

Y tomando la copa, y habiendo dado gracias, les dio, diciendo: Bebed de ella todos; porque esto es mi sangre del nuevo pacto, que por muchos es derramada para remisión de los pecados. (26:27-28, énfasis mío).

Como prueba de que los padres de la Iglesia comprendieron la verdad de quién era realmente el culpable de que Jesús tuviera que morir como lo hizo, recurriré a un último testimonio de las Escrituras. Este testigo procede de una carta escrita a los cristianos hebreos probablemente antes del año 70 d.C., posiblemente por Pablo, Lucas, Bernabé, Apolos u otro autor:

Pero vemos a aquel que fue hecho un poco menor que los ángeles, a Jesús, coronado de gloria y de honra, a causa del padecimiento de la muerte, para que por la gracia de Dios gustase la muerte por todos. (Hebreos 2:9, el énfasis es mío).

Entonces, ¿quién es el responsable último de la muerte de Jesús? Asignar la culpa únicamente a los judíos equivale a culpar al martillo que clavó los clavos en su carne para sujetarle a la cruz. Para encontrar al culpable, debemos examinar las huellas dactilares en el mango del martillo. Cuando lo hacemos, descubrimos que él se llama Adán, y ella Eva, y él Noé, y él Abraham, y ella Sara, y él Moisés, y David, y Goliat, y Isaías, y Nabucodonosor, y Ruth, y Alejandro y Natasha, y Kim, y Adolf, y Mary, y Ahmed, y Juanita, y Sven, y así sucesivamente. Él es blanco, ella es negra, él es amarillo, ella es morena, él habla francés, ella habla árabe, él es católico, ella es protestante, él es joven y ella es vieja.

El número de partes humanas culpables se limita únicamente al número de personas que vivieron lo suficiente como para quebrantar uno solo de los mandamientos de Dios de hecho o incluso de pensamiento (véase Mateo 5:27- 28). Si hay un grupo de personas que podamos etiquetar como más culpables, entonces el primer nombre que nos viene a la mente es Greg. ¿Por qué? ¿Quién cree que tiene más culpa por saltarse el límite de velocidad, la persona que conduce por una carretera nueva y no se dio cuenta o quizá vio pero no creyó la señal reglamentaria, o la persona que estudió la señal e hizo todo lo posible por colocarla en un lugar visible y luego condujo a propósito demasiado rápido?

San Pedro creía en Jesús como el Cristo, sin embargo lo negó públicamente. Con la posible excepción del ladrón en la cruz, que tuvo pocas oportunidades de hacer otra cosa, el resto de los que nos llamamos cristianos no nos hemos quedado muy atrás. Quizá porque somos así especialmente conscientes de nuestra responsabilidad al colocar a Jesús en la cruz, sabemos que le debemos mucho más de lo que jamás podríamos esperar darle a cambio. Nos vemos reducidos a una contrita oración de agradecimiento por Su amor hacia nosotros a pesar de nuestra total indignidad.

GMT

REFERENCIAS

PREFACIO

1. Over the Rainbow (de El mago de Oz), Música de Harold Arlen, Letra de E.Y. Harburg. © 1938 (Renovado) Metro-Goldwyn-Mayer Inc., © 1939 (Renovado) EMI Feist Catalog Inc. Todos los derechos controlados y administrados por EMI Feist Catalog Inc. (editorial) y Alfred Music (imprenta). TODOS LOS DERECHOS RESERVADOS.

CAPÍTULO 1: ETERNIDAD

1. Kurt Vonnegut Jr. (1922-2007). Novelista y ensayista estadounidense, presidente honorario de la Asociación Humanista Estadounidense. Vonnegut estudió ingeniería mecánica en el Instituto Carnegie de Tecnología y en la Universidad de Tennessee antes de alistarse en el ejército estadounidense. Fue capturado en la Batalla de las Ardenas y llevado prisionero a Dresde. Esa ciudad fue bombardeada en febrero de 1945. Sobrevivió porque los prisioneros habían sido llevados a un matadero subterráneo llamado Schlachthof Fünf, que traducido significa Matadero Cinco. Wikipedia. es.m.wikipedia.org/ wiki/Kurt_Vonnegut#sec-tion_1

2. Kurt Vonnegut Jr., Matadero-Cinco o La cruzada de los niños (Nueva York: Delacorte Press, 1969).

CAPÍTULO 2: PERSPECTIVAS HISTÓRICAS SOBRE EL CIELO

1. La mayoría de las citas no bíblicas que se encuentran al principio de los CAPÍTULOS proceden de Brainy Quote, http://www.brainyquote.com/quotes.

2. Religiones del mundo clasificadas por número de adeptos . http://www.adherents.com/ReligionsByAdherents. html/

3. Historia del ateísmo. Wikipedia. http://en.wikipedia.org/ wiki/History

4. Op. cit. Cifra obtenida sumando el número de los estimados para el hinduismo (900 millones) a los estimados para el budismo (376 millones).

5. Teoría del todo Wikipedia.en.m.wikipedia.org/wiki/Theory-of-everything

6. El concepto budista del cielo y el infierno **http://www.viet.net/anson/ebud/whatbudbelieve/303.html**

7. Barón Friedrich von Hugel, La vida eterna: Un estudio de sus implicaciones y aplicaciones (Edimburgo, Reino Unido: T&T Clark, 1929).

8. Apologética bíblica 4, BibleMaster.COM. http://www.biblemaster.com/studies/study.asp?study_ id=1268

9. Alden Bass, Los antiguos orígenes del hinduismo, Apologetics Press. http://www.apologeticspress.org/apcontent.aspx?category=8&article=1408

10. Los Vedas, Archivo de Textos Sagrados de Internet. Los Vedas son los textos primarios del hinduismo...Los eruditos han determinado que el Rig Veda, el más antiguo de los cuatro Vedas, fue compuesto alrededor del 1500 a.C. y codificado alrededor del 600 a.C. Fue finalmente puesto por escrito... en algún momento después del 300 a.C. Los Vedas contienen himnos, encantamientos y rituales de la antigua India. http://www.sacredtests.com/hin/index.htm

11. The Compact Guide to World Religions, Dean C. Halverson, ed. (Minneapolis: Bethany House Publishers, 1996) p. 88.

12. Ibid.

13. Andrew Powell, Living Buddhism (Nueva York: Harmony Books, 1989).

14. Malcolm David Eckel, Budismo, Religiones del mundo la guía ilustrada, Michael D. Coogan, ed. (Londres: Duncan Baird Publishers, 1998).

15. The Compact Guide to World Religions, Dean C. Halverson, ed. (Minneapolis: Bethany House, 1996) p. 55.

16. Ibid. p. 59.

17. Renacimiento (budismo). en.m.wikipedia.org/wiki/Rebirth_ (Buddhism)

18. Nirvana. Panorama general. Wikipedia. http://en.wikipedia. org/wiki/Nirvana

19. Vida y muerte - hinduismo death.findyourfate.com/life-after-death/hinduism.html

20. Religión en Mesopotamia. Wikipedia. http://en. wikipedia. org/wiki/Religion en Mesopotamia

21. Lista de deidades romanas. Wikipedia. Un lectisternium es un banquete para los dioses, en el que aparecen como imágenes sentadas en divanes, como si estuvieran presentes y participaran. Al describir el lectisternium de los Doce Grandes Dioses en el año 217 a.C., el historiador augusto Livio sitúa a las deidades en parejas equilibradas en cuanto al sexo: Júpiter- Juno, Neptuno-Minerva, Marte-Venus, Apolo-Diana, Vulcano-Vesta, Mercurio-Ceres. pedia.org/wiki/List_of_Roman_deities

22. Ibid. La religión mesopotámica era politeísta y adoraba a más de 2000 deidades diferentes.

23. El espectro de las religiones y creencias religiosas. The Compact Guide to World Religions, Dean C. Halverson, ed. (Minneapolis: Bethany House, 1996).

24. Religiones del mundo clasificadas por número de fieles Número estimado sumando las "primitivo-indígenas" (300 millones) y las tradicionales africanas y diásporas (100 millones). http://www.adherents.com/ReligionsByAdherents. html/

25. Muerte, entierro y vida después de la muerte en Grecia y Roma. places.com/evidence-of-the-afterlife-in-greece-and-rome. htm

26. El gran desconocido: algunas visiones de la vida después de la muerte. ThinkQuest.library.thinkquest.org/16665/ afterliferome.htm

27. Calígula ‹se creía un dios›. BBC News, 8 de agosto de 2003. http://news.bbc.co.uk/2/hi/europe/3135821.stm

28. The Compact Guide to World Religions, Dean C. Halverson,

ed. (Minneapolis: Bethany House, 1996) p. 15.

29. Apologética bíblica 4. Génesis 1:1-1. BibleMaster. http://www.
biblemaster.com/studies/study.asp?Study_id=1268

30. Religiones A-Z Zoroastrismo. http://www.religionfacts.com/
zoroastrianism/index. htm

31. Religiones del mundo clasificadas por número de adeptos.
http://www.adherents.com/Religions ByAdherents. html/

32. Friedrich Wilhelm Nietzsche (1844-1900). Filósofo, poeta,
compositor, crítico cultural y filólogo clásico alemán.
Probablemente más conocido por su declaración de tesis Dios
ha muerto, que aparece varias veces en sus escritos. Desarrolló
el concepto del Übermensch (superhombre, sobrehombre)
en su manuscrito Así habló Zaratustra. El don de Zaratustra
del superhombre se entrega a la humanidad... Zaratustra
presenta al superhombre como el creador de nuevos valores, y
aparece como una solución al problema de la muerte de Dios
y el nihilismo. El superhombre no sigue la moral de la gente
común... sino que se eleva por encima de la noción del bien y
del mal y por encima del rebaño. **en.m.wikipedia.org/ wiki/
Friedrich_Nietzsche#section_2**

33. La vida después de la muerte -Y la naturaleza del cielo y el
infierno. Página web hindú. http://www.hinduwebsite.com/
Zoroastrianism/afterlife.asp

34. La vida después de la muerte-Zoroastrismo. http://death.
findvourfate.com/life-after-death/ zoroastrianism.html

35. El paraíso: Zoroastrismo. El cielo y el infierno, según diversas
religiones. http://www.neatorama.com/2007/03/23/heaven-
and-hell-according-to-various-religions/

36. Religiones del mundo clasificadas por número de fieles".http://
www.adherents.com/ReligionsByAdherents. html/

37. Los orígenes del taoísmo. http://www. bbc.co.uk/religion/
religions/taoism/ history/ history.shtml

38. The Compact Guide to World Religions, Dean C. Halverson,
ed. (Minneapolis: Bethany House, 1996) p. 217.

39. Julia Hardy, Creencias del taoísmo, vida después de la muerte y salvación. http://www.natheos.com/Library/ Taoism/ Beliefs/Afterlife- andSalvation.html

40. La vida después de la muerte, Tao Personal. http://personaltao. com/taoismlibrary/articles/the-afterlife/

41. Op. cit.

42. Op. cit.

43. Mitchell G. Bard. Fariseos, saduceos y esenios, Biblioteca Virtual Judía. http://www.jewishvirtuallibrary.org/jsource/ History/ sadducees_pharisees_essens.html

44. Judaísmo 101. Olam Ha-Ba: La vida después de la muerte. http://www.jewfaq.org/olamhaba.htm

45. Ibid.

46. Hechos religiosos. Creencias judías sobre el más allá. facts. com/Judaism/beliefs/afterlife.htm

47. La creencia del ‹Cielo› en el islam. HilalPlaza.COM. http:// www.hilalplaza.com/islam/Heaven.html

48. Corán y Hadiz. Alim Surah 37 As-Saffat vs. 45-www.alim.org/ library/quran/surah/english/37/MAL

49. La creencia del ‹Cielo› en el Islam. HilalPlaza.COM. http:// www.hilalplaza.com/islam/Heaven.html

50. ¿CuántosprofetashayenelIslam?YahooRespuestashttps://answers. yahoo.com/question/index? qid=20061117020116AAx1Pyf

51. A los musulmanes se les ha enseñado que los primeros textos de la Biblia fueron corrompidos por los judíos y los cristianos. Esto se conoce como la doctrina del tahrif, o alteración. The Compact Guide to World Religions, Dean C. Halverson, ed. (Minneapolis: Bethany House, 1996) p.111.

52. Los grados y niveles del Paraíso y el Infierno, y las acciones que llevan a uno a ellos. Islam Preguntas y Respuestas. http://islamqa. info/en/ref/27075

53. Se informó en el hadiz de al-Miqdaam ibn Ma'di Karb que el Profeta (salAllahu alaihi wasalam) dijo: El Islam es el camino de la vida: Las seis bendiciones de los mártires ".

http:// sharingknowledgeofislam.blogspot.COM/2011/05/ six- blessingsof-martyrs.html

54. Versículos del Corán que tienen que ver con las huríes: Corán 52:17-19: Se reclinarán sobre tronos dispuestos en filas. Y nos casaremos con ellas o con huríes de grandes ojos encantadores. Corán: 37:40-48: Se sentarán con vírgenes tímidas de ojos oscuros, tan castas como los huevos cobijados de las avestruces. Corán 44: 51-55: Sí y las casaremos con hurí de ojos oscuros. Véase también Corán 55: 56-57, Corán 55: 72, Corán 78: 31, Corán 78: 33-34, Corán 56: 7-40, y otros. Syed Kam- ran Mirza, El cielo islámico. www. islamreview.com/articles/islamicheavenprint.htm

55. Hurí. Nueva Enciclopedia Mundial. pedia.org/entry/ Hurí

56. An-Naba (El anuncio) (78:33) Comparar traducciones. Quran360. http://web.quran360.com/site/ compare/tr/59/ ch/78/v/33

57. CAPÍTULO 44 surat l-dakhan [El humo] vs. 54. Quaranic ArabicCorpus. Corpus.quran.com/

58. Cada vez que nos acostamos con una Hurí la encontramos virgen. Al- ItqanfiUlum al-Qur'an, p. 351.

59. Maxfield Parrish (1870-1966). Pintor e ilustrador estadounidense.

60. Además, el pene de los Elegidos nunca se ablanda. La erección es eterna. Al-Itqan fiUlum al-Qur'an, p. 351.

61. A todo hombre que entre en el paraíso se le darán 72 (setenta y dos) hurís; no importa a qué edad hubiera muerto, cuando sea admitido en el paraíso, se convertirá en un treintañero y no envejecerá más. Un hombre en el paraíso recibirá una virilidad igual a la de cien hombres. TIRMZI, vol. 2, página 138. muhammad-ummah.blogspot.com/2012/08/ tirmzi-vol. html

62. Al Ghazzali, Ihya Uloom Ed-Din. El renacimiento de las ciencias religiosas, vol. 4. http://www.nderf.org/Islamic_ views_death.htm

63. Sólo el 20% de los musulmanes vive en Oriente Próximo y el norte de África, mientras que otro 62% vive en lugares de Asia-Pacífico. Mundo musulmán. en.m.wikipedia.org/ wiki/ Muslim_ world

64. Conceptos erróneos sobre el hoor. http://islamicreplies.ucoz. com/2/Misconceptions_ Regarding_ Hoor.html

65. Las 72 vírgenes. Wikiislam. http://wikiislam.net/wiki/72_ Virgins

66. Adolph (más tarde Arthur) Harpo Marx (1888-1964). Cómico estadounidense.

67. Go West, película de los Hermanos Marx producida por Jack Cummings, distribuida por MGM, estrenada el 6 de diciembre de 1940.

68. L. Frank Baum, El maravilloso mago de Oz (Nueva York: Puffin Books, 2008, publicado por primera vez en 1900) Véase el CAPÍTULO 11, La maravillosa ciudad de Oz.

69. William-Adolphe Bouguereau (1825-1905). Pintor académico francés.

70. N.T. Wright (1948-). Obispo anglicano jubilado y estudioso del Nuevo Testamento. Actualmente es profesor de investigación sobre el Nuevo Testamento y el cristianismo primitivo en el St. Mary's College de la Universidad de St. Andrews en Escocia es.wikipedia.org/ wiki/N._T._Wright

71. N. T. Wright, Sorprendidos por la esperanza: Rethinking Heaven, the Resurrection, and the Mission of the Church (Nueva York: HarperOne, 2008) pp. 35- 36.

72. Ibid. p. 41.

CAPÍTULO 3: TIEMPO

1. Alfred North Whitehead. Wikipedia. http://en.wikipedia. org/ wiki/Alfred_North_Whitehead

2. Manos que dibujan de M.C. Escher © 2024 The M.C. Escher Company - The Netherlands. TODOS LOS DERECHOS RESERVADOS. www.mcescher.com. Utilizado con permis

3. Agustín de Hipona. Argelino. Fue obispo de Hipona Regia (actual Annaba, Argelia)... es generalmente considerado uno de los más grandes pensadores cristianos de todos los tiempos. Sus escritos fueron muy influyentes en el desarrollo del cristianismo occidental. Wikipedia . http://en.m.wikipedia. org/wiki/Augustine_of_Hippo

4. Isaac Newton (1642-1727). Físico, matemático, astrónomo, filósofo, naturista, alquimista y teólogo inglés.

5. Albert Einstein (1879-1955). Físico teórico alemán. Premio Nobel de Física en 1921.

6. Dilatación del tiempo. Wikipedia. en.wikipedia.org/wiki/time dilation

7. Cómo funcionan los agujeros negros. How Stuff Works. science.howstuffworks.com/dictionary/astronomy- terms/black-hole1.htm

8. El espacio-tiempo de Schwarzschild: Introducción al agujero negro. Physics.syr.edu/courses/modules/lightcone/schwarzchild.html.

9. Fallece Ann E. Ewing, The Washington Post, domingo 1 de agosto de 2010. http://www.washingtonpost.com/wp-dyn/content/article/2010/07/31/AR2010073102772. html

10. Agujeros negros. Asociación Nacional de Profesores de Ciencias de la Tierra. http://www.windows2universe.org/theuniverse/BH.html

11. Alan Guth, Departamento de Física del MIT. web.mit.edu/physics/people/faculty/guth_alan.html

12. Inflación (cosmología). Wikipedia. en.m.wikipedia.org/wiki/Inflation_(cosmology)

13. ¿De qué está hecho el 96 por ciento del Universo? Los astrónomos no lo saben. Space.COM Artículo de Clara Moskowitz, publicado el 12 de mayo de 2011

CAPÍTULO 4: COSMOLOGÍA: LA NECESIDAD DE UN CIELO NUEVO Y UNA TIERRA NUEVA

1. Edad de la Tierra-Temas clave sobre geología. en.m.wikipedia.org/wikipedia.org/wiki/Age_of_the_ Earth

2. Adam Frank La muerte del Sol: ¿Más pronto que tarde? McGraw- Hill Education, 2001. http://www. mhhe.com/physsci/astronomy/uspeak/ sept_00_ uspeak.mhtml

3. El futuro de la Tierra. Wikipedia. La luminosidad del Sol aumentará constantemente, lo que provocará un aumento de la radiación solar que llega a la Tierra. Esto provocará una disminución del nivel de dióxido de carbono en la atmósfera . http:// en.wikipedia.org/wiki/Future_of_the_Earth

4. Ibid. La tendencia a largo plazo es que la vida vegetal desaparezca por completo. La consiguiente pérdida de reposición de oxígeno provocará la extinción de la vida animal unos millones de años más tarde.

5. Ibid. La atmósfera se convertirá en un "invernadero húmedo" que conducirá a una evaporación desbocada de los océanos... la estratosfera contendría niveles crecientes de agua... descompuesta por foto disociación por la radiación ultravioleta, permitiendo que el hidrógeno escape de la atmósfera... una pérdida del agua de mar del mundo en unos 1.100 millones de años a partir del presente.

6. John H. Debes y Marc J. Kuchner, Estrellas muertas y planetas condenados, Astronomy, marzo de 2012.

7. Op. cit. Es probable que se expanda hasta engullir tanto a Mercurio como a Venus, alcanzando un radio máximo de 1,2 unidades astronómicas. (La distancia actual de la Tierra al Sol se considera 1,0 unidad astronómica).

8. Destello de helio. Wikipedia. La naturaleza explosiva del destello de helio surge... una vez que las temperaturas alcanzan los 100 millones-200 millones de Kelvins (unos 180-360 millones de grados Fahrenheit) y comienza la fusión del helio... la temperatura aumenta rápidamente...

incrementando aún más la velocidad de fusión.... Esta reacción galopante asciende rápidamente a unas 100.000 millones de veces la producción normal de energía de la estrella. http://enwikipedia.org/w/index.php? title=Helium_ flash&oldid=510609942

9. Estrellas enanas blancas. Imagina el Universo, de la NASA Una enana blanca del tamaño de la Tierra tiene una densidad de 1 x 109 kg/m3 ... 200.000 veces más densa [que la Tierra]. Imagine.gsfc.nasa. gov/docs/science/know_12/dwarfs.html

10. Evolución estelar: Enanas blancas. Después de mil millones de años, la enana blanca típica se reduce a 0,001 la luminosidad del Sol . http://abyss.uoregon.edu/~js/ast122/ lectures/lec17. html

11. Futuro de la Tierra. Wikipedia. El arrastre de la atmósfera solar puede hacer que la órbita de la Luna decaiga... la órbita... cruzará el Límite de Roche de la Tierra. La interacción de las mareas con la Tierra rompería entonces la Luna, convirtiéndola en un sistema de anillos.

12. http://en.wikipedia.org/wiki/Future_of_the_Earth

13. Ron Cowen, Andrómeda en rumbo de colisión con la Vía Láctea, Nature, 31 de mayo de 2012. http://www. nature. com/news/andromeda-oncollision- course-with-the-milky-way-1.10765

14. Cinturón de Kuiper y Nube de Oort, Exploración del Sistema Solar, NASA. En1950, el astrónomo holandés Jan Oort propuso que ciertos cometas proceden de una vasta envoltura esférica, extremadamente distante, de cuerpos helados que rodean el sistema solar... ahora denominada Nube de Oort... a una distancia de 5.000-100.000 unidades astronómicas. http:// solarsystem. nasa. gov/ planets/ profile. cfm? Object=KBOs&Display=Overview Long

15. John H. Debes y Marc J. Kuchner, Estrellas muertas y planetas condenados, Astronomy, marzo de 2012.

16. Michael Carroll, Recorrido por nuestro húmedo Sistema Solar, Astronomía , julio de 2012. Los anillos de Saturno

contienen 26 millones de veces más agua que todos los océanos de la Tierra combinados... Si el hielo de la superficie tiene un grosor de entre 6 y 18,5 millas ...entonces el océano líquido de Europa tendría una profundidad aproximada de 60 millas y mantendría el doble del agua contenida en todos los océanos de la Tierra.

17. Klaus Schmidt International Space Fellowship, Pregunta astronómica de la semana: ¿Cuánto tiempo seguirá brillando el Sol? fellowship.com;news/art9727/astronomy- question-of-the- week-how-long-will-the-sun-continue- to-shine

18. Enana Roja. Wikipedia. Una enana roja con 0,1 de masa solar puede seguir ardiendo durante 10 billones de años . http://en.wikipedia.org/wikiRed_dwarf

19. Edwin Powell Hubble (1889-1953). Astrónomo estadounidense, pionero en el campo de la astronomía extragaláctica, publicó investigaciones que implicaban el desplazamiento del espectro luminoso (desplazamiento al rojo) como correlato de la velocidad y, por tanto, de la distancia de la recesión de otras galaxias respecto a nuestra Vía Láctea. Contribuyó a demostrar que el universo está en expansión.

20. Galaxias lejanas confirman el crecimiento acelerado del universo. www.space.com/15247-universe-acceleration-dark-energyquasars.html

21. Cronología del Universo. Wikipedia.

22. http://en.wikipedia.org/wiki/Chronology_of_the_ universo

23. Ibid.

24. Ibid.

25. Impacto Shoemaker-Levy 9/Júpiter.

26. www.solarviews.com/eng/impact.htm

27. Oliver Hardy, nacido Norvell Hardy (1892-1955). Actor estadounidense cuya carrera cinematográfica abarcó tanto el cine mudo como el sonoro. La mitad del equipo cómico de Laurel y Hardy. http://en. m.wikipedia.org/wiki/O liv er_

Hardy#section_2

28. Stan Laurel, nacido Arthur Stanley Jefferson (1890-1965). Actor cómico, escritor y director de cine inglés famoso por ser la primera mitad del equipo cómico de Laurel y Hardy. http:// en.m.wikipedia. org/wiki/Stan_Laurel

CAPÍTULO 5: SEXO

1. Hedonismo. Wikipedia. El hedonismo es una escuela de pensamiento que defiende que el placer es el único bien intrínseco. En términos muy sencillos, un hedonista se esfuerza por maximizar el placer neto (placer menos dolor)... Demócrito parece ser el filósofo más antiguo del que se tiene constancia que abrazó categóricamente una filosofía hedonista. http://en.m.wikipedia.org/wiki/Hedonism#section_2

2. Y creó Dios al hombre a su imagen, a imagen de Dios lo creó; varón y hembra los creó. (Génesis 1:27).

3. Por tanto, dejará el hombre a su padre y a su madre, y se unirá a su mujer, y serán una sola carne. (Génesis 2:24).

4. La mayor parte de la información objetiva sobre neuroanatomía y bioquímica citada aquí procede de Neuroanatomía y fisiología del "sistema de recompensa cerebral" en el abuso de sustancias orado.edu/cadd/a_drug/essays/essay4.htm

CAPÍTULO 6: HABILIDADES ESPECIALES Y SENTIDOS SENSANCIONALES

1. John Gillespie Magee Jr. (1922-1941). Estadounidense que voló para la Real Fuerza Aérea Canadiense. Nació en Shanghai, China, de padre estadounidense y madre británica que eran misioneros anglicanos. Se alistó en las Fuerzas Aéreas Canadienses antes de que Estados Unidos entrara en la Segunda Guerra Mundial. Murió en una colisión en pleno vuelo sobre Lincolnshire, Inglaterra, y tenía 19 años en el momento de su muerte.

2. Luz. Wikipedia.

3. http://en.m.wikipedia.org/wiki/Visible_light

4. Glosario de términos.

5. http://www.astro.virginia.edu/~jh8h/astr124/glossary. html

6. El fondo cósmico de microondas.

7. ww.astro.ubc.ca/people/scott/cmb_intro.html

8. Sentidos asombrosos de los animales, Neurociencia para niños. http://faculty.washington.edu/chudler/amaze.html

9. Presión atmosférica y altitud sobre el nivel del mar. The Engineering ToolBox. http://www.engineeringtoolbo x.com/air- altitudepressured_462.html

10. ¿Cuál será la temperatura del aire a una altitud de 14.000 pies sobre el centro de Arabia Saudí? Yahoo! Respuestas. La tasa de lapso media, según la Atmósfera Estándar es de 0,65 C por cada 100 metros. http://in.answers.yahoo.com/question/index? qid=20090319052433AASg.J2T

11. ¿Con cuánto detalle podría ver el telescopio Hubble?. Pregunte a MetaFilter. ask.metafilter.com/121958/How-much-could-the- Hubble- telescope-see

12. Velocidad del sonido en algunos sólidos comunes.The Engineering ToolBox. www. engineeringtoolbox.com/sound- speed-solidsd_713. html

13. Ibid.

14. Ibid.

15. Rango auditivo. Wikipedia. en.m.wikipedia.org/wiki/Hearing_range

16. ¿Cómo oyen los delfines? Dolphins-World.com.phinsworld. com/how_do_ dolphins_ hear.html

17. Comprender los sentidos de un perro. Centro de información sobre razas caninas. http://www.dogbreedinfo.com/articles/dogsenses.htm

18.

19. Sentidos asombrosos de los animales, Neurociencia para niños. ington.edu/chudler/amaze.html

20. Ibid.

21. Ibid.

22. Suite del Gran Cañón. Compuesta entre 1929 y 1931, por Ferde Grofé (1892-1972), compositor, arreglista y pianista estadounidense. Grofé arregló la Rapsodia en Azul de George Gershwin.

CAPÍTULO7: DESCUBRIENDO LAS VERDADES UNIVERSALES

1. Claudio Ptolomeo (90-168 d.C.). Matemático, astrónomo, geógrafo y astrólogo griego.

2. es.m.wikipedia.org/wiki/Ptolomeo

3. Leonardo da Vinci (1452-1519). Artista renacentista italiano, pintor, escultor, arquitecto, músico, científico, matemático, ingeniero, inventor, anatomista, geólogo, cartógrafo, botánico, escritor.

4. http://wikipedia.org/wiki/Leonardo_da_Vinci.   Según recuerdo haber oído, podía doblar una herradura utilizando sólo sus manos desnudas de forma que los talones de la herradura miraran en direcciones opuestas.

5. Isaac Newton (1642-1727). "Filósofo, naturalista inglés, considerado generalmente como el teórico más original e influyente de la historia de la ciencia. Además de su invención del cálculo infinitesimal y una nueva teoría de la luz y el color, Newton transformó la estructura de la ciencia física con sus tres leyes del movimiento y la ley de la gravitación universal. Robert A. Hatch, Sir Isaac Newton. web.clas.ufl.edu/users/ufhatch/pages/01-courses/   current-courses/08srnewton.htm

6. Albert Einstein (1879-1955). Físico teórico de origen alemán y premio Nobel de física en 1921. Descubrió el efecto fotoeléctrico y ayudó a establecer la teoría cuántica. Autor de

las teorías de la relatividad general (la teoría geométrica de la gravitación publicada en 1916) y de la relatividad especial (la teoría de la medición en un marco de referencia inercial publicada en 1905). es.m.wikipedia.org/ wiki/Relatividad_ especial

7. Platón (c. 428-347 a.C.). Filósofo griego clásico, matemático, alumno de Sócrates y mentor de Aristóteles. Ayudó a sentar las bases de la filosofía y la ciencia occidentales. en.m.wikipedia.org/wiki/Plato

8. La República de Platón fue escrita probablemente hacia el 380 a.c. La obra más conocida de Platón versa sobre la definición de la justicia y el orden y el carácter de la ciudad-estado justa y del hombre justo en.m.wikipedia.org/wiki/ Plato

9. El filósofo es el hombre que ama (griego philein) la sabiduría (sophia) en el sentido más amplio, incluyendo especialmente el aprendizaje, el conocimiento y la verdad. Desmond Lee, Platón, La República, (Nueva York: Penguin Books, 1955) p. 192.

10. Ibid, p. 194.

11. Supercuerdas, Imagine the Universe de la NASA, 5 de julio de 2005. http://imagine.gsfc.nasa.gov/docs/science/ mysteries_l2/superstring.html

12. La idea esencial que subyace a la teoría de cuerdas es la siguiente: todas las diferentes partículas ‹fundamentales› del Modelo Estándar no son en realidad más que diferentes manifestaciones de un objeto básico: una cuerda... puede oscilar de diferentes maneras... si oscila de una determinada manera... vemos un electrón. Pero si oscila de otra manera... lo llamamos fotón, o quark... ¿Qué es la teoría de cuerdas? www.nuclecu. unam.mx/-~alberto/physics/ string.html. Esto me da que pensar. La materia, desde las galaxias hasta los átomos, parece manifestar la propiedad denominada rotación. Oscilaciones de diferentes frecuencias codifican diferentes partículas fundamentales. Me parece que las cuerdas también pueden poseer algo análogo al giro de forma inherente a

su naturaleza. Si es así, ¿qué codifica la orientación de esa rotación para una cuerda en una frecuencia determinada? ¿Podría ser esto lo que diferencia la materia de la materia oscura? Mi corazonada es que podría codificar algo aún más básico pero menos comprendido: la propia dimensionalidad.

13. Teoría de supercuerdas. Se trata de una versión de la teoría de cuerdas que incorpora fermiones (energía manifestada como materia), bosones (energía manifestada como portadora de fuerzas como la gravedad) y supersimetría (véase más adelante). Wikipedia. en.m.wikipedia. org/wiki/ Superstring_ theory

14. Las teorías de cuerdas se clasifican en función de si se exige o no que las cuerdas sean bucles cerrados y de si el espectro de partículas incluye o no fermiones. Para incluir fermiones en la teoría de cuerdas, debe existir un tipo especial de simetría llamada supersimetría, lo que significa que por cada bosón existe un fermión correspondiente. Así que la supersimetría relaciona las partículas que transmiten la fuerza con las partículas que componen la materia. La página web oficial de la Teoría de Cuerdas. www.superstringtheory.com/ basics/basic4.html

15. Max Karl Ernst Ludwig Planck (1858-1947). Físico teórico alemán. Fue capaz de deducir la relación entre la energía y la frecuencia de la radiación... En un artículo publicado en 1900, anunció su derivación de la relación: ésta se basaba en la idea revolucionaria de que la energía emitida por un resonador solo podía tomar valores discretos o cuantos. La energía para un resonador de frecuencia v es hv donde h es una constante universal, ahora llamada constante de Planck. Premio Nobel de Física 1918. Nobelprize.org. www. nobelprizes/ physics/laureates/1918/planck- bio.html

16. James Clerk Maxwell (1831-1879). Inglés. Postuló la teoría del electromagnetismo. Cita: Tenemos razones de peso para concluir que la luz en sí -incluyendo el calor radiante y otras radiaciones, si las hay- constituye una perturbación electromagnética en forma de ondas que se propagan a

través del campo electromagnético de acuerdo con las leyes electromagnéticas, ¿Quién fue James Clerk Maxwell? www.clerkmaxwellFoundation.org/html/who_was_Maxwell_html

17. Michael Faraday (1791-1867). Británico. Recibió poca educación formal... el mejor experimentalista de la historia de la ciencia... estableció que el magnetismo podía afectar a los rayos de luz y que existía una relación subyacente entre ambos fenómenos. Wikipedia. en.m.wikipedia.org/wiki/Michael Faraday

18. Interacción débil. Wikipedia. http://en.m.wikipedia.org/wiki/Weak_interaction

19. La fuerza nuclear fuerte. http://aether.lbl.gov/elements/stellar/strong/strong. html

20. Preguntas y respuestas sobre el origen de la inercia y el campo de punto cero. www.calphysics.org/questions.html

21. Rodney D. Holder ¿Está diseñado el universo? FIMA FRAS Faraday Paper No. 10, Instituto Faraday para la Ciencia y la Religión, St. Edmund's College, Cambridge, U.K. Holder fue sacerdote y realizó investigaciones postdoctorales en astrofísica en Oxford. Holder es autor de Dios, el multiverso y todo lo demás.

22. Síndrome de Savant. Wikipedia. http://en.wikipedia.org/wiki/Savant_syndrome

23. Imbécil (psicología). Wikipedia. Idiota (IQ de 0-25), "imbécil" (IQ de 26-50), "tarado" (IQ de 51-70). http://en.m.wikipedia.org/wiki/M o en (psicología) #section_1

24. D. A. Treffert. El síndrome del savant: una condición extraordinaria. Asinopsis: pasado, presente, futuro. Philosophical transactions of the Royal Society B: Biological Sciences 364 (1522): 1351-1357.

25. El milagro Lemke-Leslie. http://www.fairybookshelf.com/cms/index.php? option=com_content&view=article&id=322:thelemkelesliemiracle&catid=40:exem-true-stories&Itemid=75

26. Concierto para piano nº 1, compuesto entre noviembre de 1874 y febrero de 1875, revisado en 1879 y de nuevo en 1888.   http://www.wikipedia.org/wiki/Piano_Concerto_ No_1_ (Tchaikovsky)

27. Piotr Ilich Chaikovski (1840-1893). Compositor ruso de conciertos y obras de teatro. Fue el director invitado en el concierto inaugural del Carnegie Hall de Nueva York en 1891. http://www.wikipedia.org/wiki/Pyotr_Ilyich_ Tchaikovsky #section_1

28. Rain Man Película de 1988 protagonizada por Dustin Hoffman, Tom Cruise y Valeria Golino. Dirigida por Barry Levinson. IMDb http://m.imdb.com/title/tt0095953/

29. Dustin Hoffman (1937-). Actor estadounidense de televisión, teatro y cine cuya carrera interpretativa abarca desde 1960 hasta la actualidad. Dos veces ganador del Oscar y galardonado con el AFI Life Achievement Award. http:// en.m.wikipedia.org/wiki/ Dustin_Hoffman

30. Los 10 sabios más fascinantes del mundo. Neatorama. http:// www.neatorama.com/2008/09/05/10-most-   fascinating-savantsin-the-world/

31. Kim Peek. Wikipedia. http://en.wikipedia.org/wiki/Kim_ Peek.

32. Daniel Tammet: Brainman Los 10 sabios más fascinantes del mundo. Neatorama. http://www.neatorama. com/2008/09/05/10-mostfascinatingsavants-in-the- world/

33. Ibid.

CAPÍTULO 8: HACIENDO LA LUZ DE DIOS

1. Construyen en el Polo Sur el mayor observatorio de neutrinos del mundo. LiveScience.

2. http://www.livescience.com/9164-worldlargest-neutrinoobservatory-built-south-pole.html

3. Masa de neutrinos: Los límites actuales a partir de consideraciones cosmológicas son inferiores a unos 0,05

eV (¡una millonésima parte de la masa del electrón!).... El neutrino más pesado debe estar entre una diezmillonésima y una millonésima parte de la masa del electrón. La masa de un electrón es de 9,10938188 x 10-31 kilogramos. Para obtener una aproximación de la masa máxima, multiplico la masa del electrón en Kg. x 2,2 lb/Kg. x 16 oz./lb. x 1.000.000 9,1094 x 2,2 x 16 x 1.000.000 = 3,2065 x 10-39. www.phy. Princeton.edu/borexino/nu-mass.html

4. Superman. Personaje de cómic creado por el escritor Jerry Siegel y el artista Joe Shuster. Apareció por primera vez en Action Comics n° 1 en junio de 1938. Está dotado de múltiples superpoderes, incluida la superfuerza, la habilidad de volar y la visión de rayos X que le permite ver a través de la mayoría de los materiales, pero no del plomo. Dos vulnerabilidades conocidas: una sustancia llamada kriptonita y una dama conocida como Lois Lane. http:// es.m.wikipedia.org/wiki/ Superman#section_3

5. Supernovas Neutrinos de la Historia Astronómica. SNEWS http://snews.bnl.gov/popsci/neutrino.html

6. Britney Spears (1981-). Cantante, compositora, bailarina, animadora y artista discográfica estadounidense. http:// en.m.wikipedia.org/wiki/Britney_Spears

7. Oops! ...I Did It Again. Letra de Max Martin y Rami Yacoub. Publicado en el año 2000.

8. Charlton Heston (1923-2008). Actor estadounidense, director de cine, activista por los derechos civiles y el derecho a las armas, ex presidente de la National Rifle Association. Nacido John Charles Carter.

9. Anselmo de Canterbury (1033-1109). Arzobispo católico romano de Canterbury, Inglaterra. http://en.m.wikipedia. org/wiki/Anselm_of_Canterbury

10. Peter Abelard (1079-1142). Filósofo escolástico, teólogo y lógico francés. http://en.m.wikipedia.org/wiki/Peter_ Abelard

11. Agatha Christie (1890-1976). Novelista y dramaturga

británica que escribió sobre todo novelas policíacas, pero también algunos romances bajo el seudónimo de Mary Westmacott. http://en.m.wikipedia.org/wiki/Agatha_Christie

12. C. S. Lewis (1898-1963). Novelista, poeta, académico, medievalista, crítico literario, ensayista, teólogo laico y apologista cristiano de origen irlandés. Amigo íntimo y cofundador de la Universidad de Oxford con J.R.R. Tolkien. http://en.m.wikipedia.org/wiki/C._S._Lewis

CAPÍTULO 9: LA RELACIÓN Y LA BÚSQUEDA DE SIGNIFICADO

1. La Guerra de las Galaxias. Serie de cinco películas de ciencia ficción estrenadas entre 1977 y 2002, creadas por George Lucas. Es la tercera serie cinematográfica más taquillera, sólo por detrás de las películas de Harry Potter y James Bond.

2. Miguel Ángel (1475-1564). Escultor, pintor, arquitecto y poeta italiano del Renacimiento italiano. http:// en.m.wikipedia.org/wiki/Michelangelo

3. E. Housman (1859-1936). Erudito clásico y poeta inglés. http:// en.m.wikipedia.org/wiki/A._E._Housman.

4. Red Skelton (1913-1997). Artista estadounidense más conocido por ser un cómico de la radio, la televisión y el cine. http:// en.m.wikipedia.org/wiki/Red_Ske